小学德育

活动课程设计与实践

黎超莹　陈嘉婕　曾庆源◎著

西安出版社

图书在版编目(CIP)数据

小学德育活动课程设计与实践 / 黎超莹, 陈嘉婕, 曾庆源著. -- 西安 : 西安出版社, 2020.7
ISBN 978-7-5541-4671-2

Ⅰ. ①小… Ⅱ. ①黎… ②陈… ③曾… Ⅲ. ①德育 - 活动课程 - 课程设计 - 小学 Ⅳ. ①G621

中国版本图书馆CIP数据核字(2020)第101516号

小学德育活动课程设计与实践

XIAOXUE DEYU HUODONG KECHENG SHEJI YU SHIJIAN

著　　者　黎超莹　陈嘉婕　曾庆源
出版发行　西安出版社
社　　址　西安市曲江新区雁南五路1868号影视演艺大厦11层
电　　话　(029)85253740
邮政编码　710061
印　　刷　河北朗祥印刷有限公司
开　　本　880mm × 1230mm　1/32
印　　张　6
字　　数　150千字
版　　次　2020年7月第1版
印　　次　2024年6月第1次印刷
书　　号　ISBN 978-7-5541-4671-2
定　　价　40.00元

前言

改革开放以来，我国经济持续快速增长，为教育事业发展提供了雄厚的物质基础。统计数据显示，1978年至2021年，我国国内生产总值从0.36万亿元增长到114.4万亿元，年均增长率达9.7%。随着经济的高速发展，城镇化进程不断推进，知识经济和科技创新也呈现蓬勃景象。这为教育事业的发展提供了广阔的发展空间。经过40多年的改革开放，我国经济实力和科技水平已跃居世界第二。2022年我国国内生产总值达到121.02万亿元。城镇化率超过65%，5G网络规模继续扩大，科技创新能力进一步增强。这为教育事业提供了更为坚实的物质技术保障。与此同时，放眼未来，我国正加快构建以国内大循环为主体、国内国际双循环相互促进的新发展格局。这将为教育事业的高质量发展提供持续动力。

然而，在物质文明和知识经济快速发展的同时，也给未成年人的思想道德建设带来了一定的负面影响。作为德育的主要场所，小学需要承担起加强未成年人思想道德建设的任务。当前一些学生在道德品质和心理素质上出现问题，与家庭教育偏差以及社会环境变化有关。所以，有必要将中华优秀传统文化与小学德育教学结合，培养健全人格的未成年人。

在小学德育工作中，德育活动课发挥着举足轻重的作用。它不仅是德育工作的重要形式，也是当前德育教学改革的重要内容。德育活动课具有极强的实践性，可以推动德育内化；可以充分调动学生主体性；可以拓展德育教学时间和空间。因此，德育活动课对增强学生心理健康和提高道德素质意义深远。

在新课程改革中，德育活动课的地位更加凸显，标志着国家对德育工作的高度重视。本书拟在总结经验的基础上，进一步探讨小学德育活动课程的设计与实践，推动其持续发展和创新，以期培养学生高尚的道德品质。

目　录

第一章　小学德育活动课程概述 ……001

第一节　小学德育活动课程的理论基础 ……001

第二节　小学德育活动课程的特征 ……012

第三节　德育活动课程与其他课程的区别 ……021

第二章　小学德育活动课程教学资源的开发与利用 ……027

第一节　教学工作中德育活动课程教学资源的开发 ……027

第二节　课外活动中德育活动课程教学资源的开发 ……037

第三节　校园文化中德育活动课程教学资源的开发 ……041

第四节　传统道德文化中德育活动课程教学资源的开发 ……048

第三章　小学德育活动课程的设计 ……057

第一节　小学德育活动课程设计的基本思想 ……057

第二节　小学德育活动课程的主题设计 ……068

第三节　小学德育活动课程内容及形式设计 ……074

第四章　小学德育主题活动课程的实施 ……086

第一节　小学德育活动课程实施的原则 ……086

第二节　小学德育活动课程常用的方法 ……094

第三节 小学德育活动课程实施的主体 ……………107
第四节 小学德育活动课程实施的对象 ……………115
第五章 小学德育活动课程的评价及问题分析 …………122
第一节 小学德育活动课程的过程评价 ……………123
第二节 小学德育活动课程的效果评价 ……………133
第三节 小学德育活动课程常见问题分析 …………143
第六章 小学德育活动课的发展趋势 ………………150
第一节 树立德育科学发展观 ………………………150
第二节 构建和谐的道德关系体系 …………………156
第三节 构建人本性和专业性相结合的模式 ………166
第四节 注重学生的全面发展 ………………………180
参考文献 ……………………………………………185

第一章 小学德育活动课程概述

第一节 小学德育活动课程的理论基础

德育活动已经在我国新课改的路程中占据了非常重要的位置，可以从中看出，国内对于德育活动的重要性已经充分意识到了。德育活动不只是一般的德育教育理论课程，活动课程可以更好地发展中小学校的德育教育，也为一些学校提供了更系统、正规的教学结构模式。这将是国内教育的一个新发展方向，不同于一直以来传统模式的学科化理论化德育教育。

小学生思想品德尚未成熟，需要教师进行正确引导。增加设立德育课程，体现德育教学在小学教育中扮演重要角色，但要取得实质效果仍需长期努力。当下形势要求小学德育教师，要通过高效的德育教学实践，确保学生成长过程中健康发展和思想道德养成。过去几十年，德育活动课程的设置较多依据组织者经验、教师意志或学生实际，内容和形式存在一定的盲目性、碎片化，以说教为主要手段。与学科课程相比，活动课程地位较次，可有可无。但事实上，活动课程作为教育理念，对德育发挥独特作用。学生思想品德培养是政治认知、思维习惯、道德情感、行为规范从简单向复杂、从低级向高级、从传统向更新的转变过程，需要知情意行多方面互动促进。这要求学生作为德育活动的主体，主动积极地认知、体验、实践，使社会国家思想政治道德理念内化为精神财富，形成思想品德结构，自主解决认知行为问题。这需要通过一系列实践性、活动性德育过程实现。[①]德育活动课程相对传统"说教式"学科课程，将德育融入活动并以活动为基本载体。当下我国社会转型期，价值取向多元化也必然要求培养新时代素质和精神面貌。因此，学校德育面临严峻挑战，必须找到确保德育顺利实施的关键所在。从崭新视角审视活动课程在德育中发挥作用，可能就是我们要找寻的答案。

一、德育的本质

德育的本质是将德育与其他社会实践活动区分开来的特征。德育是一种教育性的实践活动，与智育和体育不同，它是培养"德"的教育。虽然对"德"的理解存在不同意见，但大致认可的是，"德"包括思想、政治、法制和道德几个方面的素质。德育由政治教育、思想教育、法制教育和道德教育组成，它的内容包括具体的社会行为规范和指导这些规范的意识。具体的社会行为规范包括如何对待国旗国歌、如何保护大自然、法律的具体条文以及道德规范等。指导社会行为规范的意识包括政治观念、法治思想、人生观和良心等。不管是哪个方面，它们的起点和目标都在于调节人与人、人与社会的关系。因此，德育的内容必须主要通过人与人、人与社会的互动来实施，即以实践性的活动为主要手段，并以此为中心构建科学有

①余银霞．小学班主任德育活动课实效性的探索[J]．东方文化周刊，2014，(10)：155-156.

效的德育模式。正如戚万学博士在《活动道德教育论》中所说："所谓活动道德教育,简单来说,就是在活动中通过活动来进行道德教育。"活动道德教育的核心是认识到活动和个体的自主活动既是道德教育的目的,也是道德教育的手段。不仅道德教育,整个德育都应该是在活动中通过活动,并且为了活动来实施的教育。

二、构建德育活动课程的依据

活动课程重视儿童兴趣需求,通过他们自主组织一系列探索性活动,获得经验,增长能力与素质。教师是合作指导者,不采取灌输式教学。问题提出、兴趣驱动、亲身体验和探究实践是其核心要素。

德育活动课程属活动课程范畴,也有独特性。它由学生主动参与各类实践活动构成,目的在增进道德认知和行为,优化道德生活品质。主要活动是学生外部感性体验,如劳动合作、公益服务等。思维活动亦相关且相互促进。

这些有计划的课程安排,目的在引导道德发展。需学生真诚参与而非被动完成。其核心在强化道德实践技能和生活状态,不同于简单道德知识传授,而是通过激发问题意识、深化情境体会、培养道德习惯。

综上所述,德育活动课程特征为:一是学生主体参与,二是外部情境体验为主,三是目标在道德行为能力提升。这与常规活动课程侧重兴趣、问题、经验不同,彰显其特殊性。理论上符合德育"知情意行"要求,但实践中仍需积极探讨如何落实体现学生主体、选择适宜活动内容与形式、有针对性增强道德实践力等难题。

三、德育活动课程的历史渊源和理论基础

（一）思想溯源

活动课程的理念渊源可以上溯至卢梭的“天然教育”思想。卢梭强调尊重儿童本性，主张通过自由活动和亲身经验促进儿童发展。这为后来美国教育家杜威活动课程的形成提供了哲学基础。进步主义教育家杜威系统构建了活动课程理论体系，他认为教育应顺应儿童发展特点和需求，通过自主活动和经验改造实现知识习得与能力培养。杜威的这一思想打破了传统教育的学科中心主义，对当代活动课程理念产生重要启发作用。

在中国，孔子“知行合一”的思想奠定了活动课程理论基石，强调知与行的统一。陶行知的“生活教育”理念倡导教学实践相结合，推动了新教育运动的开展。改革开放后，我国在汲取国外成功经验的基础上，积极探索适合国情的活动课程体系建设。近年来实施的《义务教育道德与法治课程标准（2022年版）》《学生社会实践活动指南》等方案，强调用目的性、系统性、适应性原则指导学校开展各类德育活动课程，实现知识运用和能力培养，构建具有中国特色的、适合青少年需求的活动课程体系，为加强和创新德育工作提供了政策支持和理论指导。

针对当下盲目应试、认知本位的道德教育困境，德育活动课程为其注入新活力。这种课程安排不仅修补传统德育实践中的漏洞，更提供机遇重构德育理念，实现“知信意行”的统一。这是因为德育活动课程植根于人本主义价值理念，关注个体发展，强调主体参与，符合认知与发展心理学规律。这为德

育活动课程的开展提供了坚实的理论基础。

(二)心理学依据

皮亚杰的发生认识论为德育活动课程提供了心理学依据。他认为活动尤其是协作活动,能促进道德发展。通过协作,儿童学习互相理解、评价,在相互尊重基础上培养公正判断,逐步内化外部规范,实现道德素质发展。这是内化和外化的统一过程。维果茨基的活动理论也强调活动的社会性和目标性,为德育活动课程奠定基础。

可见,德育是一个将社会规范和意识内化为个体品德的过程,个体通过各种生活交往活动又将这些规范外化回馈社会。皮亚杰和维果茨基的理论都确认活动在这一内化外化过程中发挥关键作用。这为德育活动课程的设置提供了心理学依据,即通过各种有意义的集体活动,儿童在互动、理解、评价、判断中获得道德体验,完成道德知识、情感、信念的内化,并在实践中检验、巩固乃至重塑这些内化结果,最终实现道德素质的提高。这种由活动引发的内在建构和外在检验的心理机制,是德育活动课程之所以能发挥独特作用的根本所在。

(三)哲学基石

马克思主义关于人的活动理论是德育活动课程的哲学基石。马克思主义认为,活动是人的本质属性和根本存在方式,是人类社会发展的内在动力。一方面,自由自主的活动体现人的本质追求;另一方面,人的历史就是人类通过自身活动改造自然和社会的历史。可以说,社会进步和人的发展都体现于人的实践活动之中。

活动是人发展的根本条件。活动范围广、内容丰富、水平高，直接决定人的全面发展。德育作为规范人活动的社会现象，其效果也取决于活动。因此，德育活动课程不仅体现了人的本质属性，也与德育的根本宗旨一致。通过各种有意义的课程活动，激发学生主体地位，将社会规范道德观念内化为自身的道德信仰和行为准则，在实践中检验、巩固和提高，推动学生道德素质的全面发展。这正是马克思主义关于活动在人发展中的决定性作用的教育学体现。

综上可见，马克思主义活动理论为德育活动课程提供了坚实的哲学基石。靠着这一基石，德育活动课程可以打破传统道德说教的框框，让学生在各种课程活动中找到自我，实现“知信意行”的完美统一，成为新时代道德教育发展的生动实践。

（四）现实根据

当前，全球范围内普遍重视学校道德教育事业。西方国家基于本国国情实际，采取多种方式推进道德教育理论和实践双管齐下的改革创新。显著特征是强调交叉融合，广泛吸收和利用哲学、心理学、教育学等多个领域的前沿理论成果，构建系统而综合的道德教育理论体系；同时，不同国家和地区的实践模式也在相互借鉴、集成和创新，逐步形成交融的德育生态网络。

与传统简单传授“美德”的做法不同，当代国际社会德育重心转向培育学生的独立思考与判断能力，塑造完整自主的人格特质和公民意识。同时，还围绕这一核心设置专业的道德教育课程内容，引导学生关心社会公共事务，增强对国家和民族的认同，成长为推动社会进步的生力军。当前，为发挥道德教育的效能，诸多国家同样高度强调将德育理念扩散渗透到学校学习和社区生活的方方面面。

具体来看,国外道德教育实践主要集中在活动课程和劳动教育两个前沿领域。在活动课程方面,一些国家已将相关内容纳入正规教学计划体系之中,采用讲授思想道德、讨论案例分析、游戏互动、场景体验等多种教学手段,引导学生主动参与,从中获取道德启蒙并逐步内化道德信念与行为准则。在劳动教育方面,主要内容涵盖卫生劳动、社区服务等方面,旨在通过劳动锻炼强化培养社会责任感和奉献精神。

综上所述,当代国际社会普遍重视道德教育事业,德育实践彰显高度综合化和开放性发展特征,这为我国构建系统、多样化的德育活动课程内容提供了重要国际经验和现实依据。

四、教学工作中德育活动课程的价值体现

德育活动课程是实现道德教育目标的重要载体形式,它组织、渗透学校学习经验与道德内容。

(一)在教育目标和对教育目标的反映方面

在教育目标体现上,德育活动课程的宗旨不仅是传递单一知识,而是改变态度、确立价值观、塑造行为方式、建立正确道德信念。鉴于德育目标的复杂性,尤其涉及情感、态度、信念等难以测量的因素,设计科学系统的德育活动课程是教学计划中最富挑战性也最具难度的领域。这需要教育工作者投入大量智慧,转化抽象德育理念为具体的、能引发学生内心共鸣的课程内容与活动设置,使之成为学生成长道德启蒙与成长的源头活水。

如何提升空间让学生主动参与,在互动中获取道德体悟;如何设计情境激发情感,促成价值观念萌发;如何提供行为示范,推动道德行为养成;如何渗透信念,固化道德品格——这是

建构德育活动课程过程中亟待解决的主要难题。但困难并不意味着折戟沉沙，反之，挑战越艰巨，教育工作者就越要发扬积极进取精神，不断探索，勇于创新，以开拓者姿态推进德育事业进步。

（二）在对学习主体的尊重方面

德育活动课程中所体现的价值和所具备的主观色彩使学生的积极性对德育教育过程有着极其重要的意义。在德育活动课程的组织和实施方面，倘若对学习主体没有足够的了解与尊重，教学效果就不够理想。

（三）在教育内容及其设置方面

从教育内容设置角度看，尽管德育活动课程也会融入相关的道德知识体系，但其教学目标不限于直接灌输学科知识。德育活动课程强调通过情感体验和行动实践达成教学目的，同时也需要认知因素支撑。因此，隐性课程和各种活动课程在道德教育课程体系中占有极为重要的地位。这些课程安排立足于学生兴趣和经验，组织一系列寓教于乐的探索活动。在游戏互动、劳动体验、社区参与等活动过程中，学生置身于具体情境，在引导下深入感受和反思，获得道德启示。这种由体验引发的认知，既具乐趣性，也容易转化为内在信念。同时，这些活动还训练和锻炼学生的道德实践能力。可以看出，德育活动课程通过“知、情、意、行”有机统一，实现渗透化的道德教育，对学生成长具有独特价值。

（四）在教育活动特别是学习活动的方式方面

德育活动课程不能仅靠直接的讲授，德育活动课程应该有更多的学习途径和方式，从而增强学生的道德实践能力和道德批判能力。

五、开展小学德育活动课程的必要性

（一）德育活动课的实质性意义

德育活动课程是教育改革过程中崭新产物。它以学生主体参与、综合性道德实践为主要形式，目标在促进道德认知、意志、情感、行为的统一协调发展。通过系统德育和多样活动，培养学生公民意识和职业道德，奠定其成长基石。

作为教学新形式，德育活动课程体现学生主导地位，满足学生发展需求。相对理论教学，它更侧重实践锻炼学生道德思维和动手能力。开展以来，在培育道德情感、提高道德实践能力、发挥学生主体作用、建设校园文化等方面意义深远。

对小学生而言，人格培养有时超过知识传授。德育活动有助正确建立道德观念，滋养心灵善性。还可促进团结互助，繁荣校园文化。其形式灵活多样，教师可以策划富有特色的活动，推动师生交流，营造良好环境。

因此，德育活动课程对渠道丰富、层次清晰、校园文化特征鲜明的建设十分必要。一些教育界的专家学者也认为开展丰富多彩的德育活动课程拥有很好的发展前景。有些研究者认为德育活动的开展不仅使得学生在道德品质方面有了显著的提升，更为学校开展丰富的校园活动创造了机会，活跃了原本单调的学习至上的校园学习氛围，为学生提供了更为优良健康的教育环境。一些学者认为，德育活动课程的开展有利于培养学生正确的人生观和价值观以及健康积极的情感等。

在德育教育中，更重要的是还要让学生拥有一个正确的、向上的道德认知素养和道德情感培养。德育活动的多样化特点也在学生道德情感的培养成长上起到了各种各样的作用。有的学者认为德育活动课程不仅能提高学生的理论道德素质教育，更能在实践上培养了学生的道德实践能力。

可以看出，德育活动课程构建“知信意行”统一的学习架构。既传授道德观念，又塑造道德品质。正是这种整合育人的效能，使德育活动课程在当代德育体系中显示独特优势，值得教育工作者积极推广运用。

（二）传统模板式教学已经不适应新形势

传统教育模式中，学校和教师主导课程设置与纪律制定，很少考量学生发展特点和思想发展规律，采取标准化灌输。学生被迫机械重复教师既定思路，造成教育与现实脱节。这种应试教育制造了大量“书呆子”，已经难以适应当下需求。

（三）德育活动课在多元化时代的必要性

当今国情，应试教育不可避免，而在此压制下，“只有埋头苦读，才是唯一出路”的观念早已深入骨髓，无论家庭还是学校，投注了太多的心血在学习方面。由于应试教育的影响，大部分学校重才智而轻德育。而如今社会早已进入多元化时代，如过去的“熟背唐诗三百首，走遍天下无敌手”早已是无稽之谈。其中的教育事业也是经过多次改革，在学生的学习中多多少少增添了一些元素，德育工作也在此环境下得到了发展，德育活动课也成了目前让学生提升道德情感的主要途径，终于可以让学生暂且放下书本，做一些其他事情。

六、德育渗透于综合实践活动课程中的作用

(一)有利于丰富学生内涵

德育活动课程要因材施教,关注学生差异,根据每个学生生活环境和性格特点,调整实践内容,符合小学生思维特征。教师需改变传统模式,在综合实践活动中渗透德育,让学生主动吸收,从实践中习得知识和解决生活难题的能力。

(二)有利于学生个人能力的提升

当前小学德育存在应试教育影响,德育自身又没有形成规范化体系,脱离学生认知水平和社会实际。因此,探索适应新形势的德育模式是当务之急。环境对一个人成长具有关键影响,尤其是童年。学生正处变化期,情绪多变,识别事物的能力不足。这个时期进行思想品德教育,可以帮助建立正确的价值观,认识生命意义;树立爱国家、爱劳动、爱科学的情感,憎恶腐朽事物;培养挑战困难的勇气和履行义务的自觉。

只有结合学生现实生活,德育才更贴近实际,使学生内心认同。综合实践活动可激发孩子创新思维和接受能力,使德育回归生活,注重体验。德育活动课程运用直接经验,联系社会和自身生活,强调知识技能的综合应用,体现经验和生活的育人价值。

(三)有利于学生行为的塑造

开展德育活动课程必须紧扣理论指导与实践运用的有机结合,单一的抽象理论授课难以奏效,脱离理论支撑的实践操作也难以为继。课程活动为学生实践运用道德规范、养成良好品行提供了重要平台。这不仅丰富个体内涵,提升综合素养,

也强化分析判断与问题解决的能力。

教师可将德育理论融入具体活动设计,引导学生在情境体验中主动领悟和关联理论原则,达到寓教于乐效果。这与当代德育理念的更新与学校道德文化氛围培育都是一脉相承的。当前学校德育多停留在道德说教,应进一步强化身教示范的引领作用。而综合实践活动课程的主题恰与品德养成的关键领域吻合,为理论联结实践、弥补师德建设的路径提供了天然契机。

这类融合德育元素的课程安排,有助培育学生实践能力和品德修养,显示出程度深广、连贯系统的特质。其可视为现代德育体系的重要组成,也是提升教学实效性最佳途径。作为传统填鸭式教育的有益补充,德育活动课程值得教育工作者推广运用,并作为推进素质教育、实现德育目标的重要抓手。

第二节 小学德育活动课程的特征

一、现阶段小学德育活动课程的特征

当前小学德育活动课程的主要特征是:内容上强调通过具体情境设计,引导学生产生道德情感体验和价值反思,获得启发,不同于抽象知识灌输;组织形式上鼓励小组合作探究,教师负责指导设计,学生是学习主体;培养目标核心在培育道德态度、价值判断和行为习惯,而不仅是传授概念;选择贴近生活且易产生情感共鸣的话题;采用过程记录与开放反馈的评价方

式；师生关系为民主互助伙伴模式；教学过程多样化，强调体验、互动、讨论，实现“知信意行”有机统一。这些特征契合德育的根本要求，也符合儿童认知规律，体现了当前小学德育活动课程的发展方向。

（一）从教学设计理论视角解析德育课程目标和内容

德育活动课程目标兼具综合性。它强调培养学生个体的主体性、创造性、能动性。内容也立足人的整体和谐发展，体现个人社会自然的内在统一，交融艺术、道德与科学要素，促进认知、行为与情感全面协调。以小学德育为例，活动课程侧重促进道德理解与判断能力的成长，培育情感意志与行为习惯，并深化道德认知水平。其“知信意行”兼顾的全过程设置可有效防范知行脱节，帮助学生建构均衡的品德结构。

在教育内容上，德育活动课程体现出更强的综合性特点。传统的德育学科课程更侧重学生系统化地掌握特定德育知识和规范，其教学重心在传递、灌输道德规范的理论理解。德育学科课程的培养目标显得客观单纯，并且课程内容的选择是比较简单直接的。而德育活动课程的培养目标本身就带有一定的抽象性和概括性，比如创造力、主体性、实践能力等。德育活动课程在选择课程内容时相对困难一些，所考虑的因素更多。德育活动课程体现出了学科间的整合。在德育活动课程中要求学生了解并且掌握的不再是严格隶属于某一学科的知识，根据活动的需要，知识可能会跨越各门学科之上。而且，学生在活动过程中一般也需要运用多个学科的知识技能才能较好地解决实践中的问题。所以，德育活动课程的开展是以多学科知识和技能的综合学习与运用的形式出现的。教师要求个体要学到的，要掌握的一般都体现在德育活动课程的内容中。德育活动课程要尽可能地来培养一种精神、一种能力或一种品质，这都需要丰满的内容，并且知识综合的情境培养要通过具体的内容才能实现。道德品质的培养需要一种较为生活化的综合情境，在这样的情境中学生个人的经验才是真正起作用的。由于学生的社会生活经验本身也具有综合性，因此，教师应该使德育活动课程接近学生的社会生活经验。[①]

（二）探讨德育活动课程在教与学方式上的实践性特点

首先，德育活动课程以学生的生活经验为出发点进行课程设计。与传统的灌输式教学不同，德育活动课程的内容选择紧密关联学生的现实生活和社会实践。这种以学生为中心的设计方式有助于激发学生的学习兴趣和主动性，以及提高他们对课程的参与度。通过关注学生感兴趣的问题和与生活相关的议题，德育活动课程将教育与实际生活融为一体，从而使学生更好地理解道德和品德知识。

其次，德育活动课程强调体验性学习。学生不仅仅通过思考和理论思维来获取知识，而是通过亲身经历和感官参与来深化学习。这种体验性学习方式包括生活体验、自然体验、社会体验、生产体验和文化体验等多种形式。通过实际的体验和感悟，学生能够更好地将道德原则与实际情境相结合，提高他们的道德判断和决策能力。此外，体验性学习还能够培养学生的实践能力和解决问题的能力，为其全面发展奠定基础。

综合以上观点，德育活动课程的实践性体现在以学生的生

①刘晓敏．谈对综合实践活动课程的认识[J]．读与写（上旬刊），2015，(9):436-436.

活经验为基础的课程设计和强调体验性学习。这种以学生为中心的教学方式能够促进学生的主动参与和全面发展,使德育教育更加具有针对性和成效性。从专业学术角度来看,这种实践性的德育教育方法有助于提高学生的道德素养并培养他们的社会责任感。

(三)德育活动课程中学生知识建构的情境性

德育学科课程的教学过程呈现出一种知识转让的方式,即通过理解、领会和接受知识的过程。相比之下,德育活动课程采用了一种情境构建的方法,其中学生个人或师牛合作创造了一定的情景。在这个情境中,通过学生之间的互动与交流,以及相互激励和启发,实现了德育的自我建构。在教师的引导下,学生可以发挥创造性和想象力,逐渐建构出更加丰富、贴近道德实质问题的情境,也更接近我们所追求的培养目标。在整个过程中,师生和学生之间获得了充分的互动,为个体品德向道德行为的转化提供了外部环境条件。情境的构建为学生提供了道德推理和思考的机会,促使个体实践道德认识并加深道德理解。此外,情境中丰富的情感成分是引发个体道德行为的重要因素。通过具体的体验,学生在情境中增强了道德意识,体验了道德要求,并面对和解决了道德冲突。因此,情境性是德育活动课程的一个基本特征,它强调德育教学的情境性,并为学生提供了实践道德认识和解决道德问题的机会。

(四)德育活动课程中学生活动的主体性

人本主义心理学在20世纪中叶对教育领域产生了深远的影响,其中人本主义课程论是一项重要的理论贡献。该理论强调了课程目的的重要性,认为其关注点应放在满足学生个人自由发展和自我实现的需求上。与传统的知识传授模式相比,人本主义课程论强调以学生为中心,注重整合设计,关注学生个体的完整性。这种以学生为核心的课程组织理念有助于激发学生的兴趣和潜能,并促进其全面成长。

在课程实施方面,人本主义课程论强调师生之间的情感关系的建立。教师与学生之间的相互信任与情感联系被视为推动课程进行的重要因素。这种情感关系的建立有助于提供良好的学习环境,鼓励学生积极参与和表达自己的想法。同时,人本主义课程论还强调课程评价过程中的主观评估,注重教师和学生对课程的主观体验和评价。这种评价方式有助于了解学生对课程的实际感受和体验,进一步改进和优化课程设计。

在德育活动课程中,人本主义课程论的自主性特征得到了特别关注。学生的自主参与和自我实现被认为是德育活动的重要特征。通过给予学生一定的自主权,让他们参与课程规划和决策过程,可以更好地满足个体的需求和兴趣。这种自主性的引入有助于激发学生的主动性和创造性,培养他们的道德判断和社会责任感。

德育活动课程的自主性特征主要表现在以下两个方面:其一,学生的角色是学生为课程开发的参与者。德育活动课程虽然属于国家课程,但是国家只制定相应的指导纲要着眼于宏观指导,而具体的拟定由地方和学校来确定,主要是依靠教师和学生根据实际情况开发实施。德育活动课程主题的确定以及活动方案的设计都要根据学生个人的需要,全面考虑学生的兴趣,并且最终由学生自主决定。其二,学生是活动实施的主体。不管对应活动的内容是什么,教学进程怎么样,都要求学生自己去组织，亲身经历，教师只对学生进行必要指导，不能一味地包办代替学生的活动。同时，学生还可以自主选择指导教师，从而来确保活动的顺利开展。

德育课程以学科为中心时，学生的主体性和自主活动受到限制，而在德育活动课程中，学生的主动性、创造性和独立性得到了更大程度的发挥。在以学科为中心的德育课程中，学生往往处于被动接受知识和指导的角色。他们的学习和发展主要由教师主导和控制，缺乏自主决策和创造性表达的机会。这样的课程模式限制了学生的发展潜力和独立思考能力。相比之下，德育活动课程的设计注重学生的主动性和自主参与。虽然在课程中仍有教师的指导和引导，但学生在德育活动的组织和开展中发挥着主要的作用。他们有机会自主规划和决策，展现自己的创造力和独立思考能力。

真正的道德主体在社会生活中的道德行为是自觉自愿的、主动的，道德是作为自身修养的内在部分存在的。纯粹灌输的道德说教、德目主义的教学方式往往使受教育者缺乏道德内化与外化的过程。受教育者只是背诵、记忆、盲从道德条目，导致一些人的道德行为知识是机械遵从而来，并不源于自身的特质。在德育活动课程的实施过程中，学生是道德活动的组织者和参与者。在道德情境中，他们要进行道德推理、判断，解决冲突，践行道德行为，这些都为学生主体性的发挥提供了机会。德育活动课程培养出的学生有道德自主性，善于道德判断，并有良好的行为习惯，对不良影响的免疫力强，即道德内化得好。

（五）德育活动课程的开放性

德育活动课程自身的课程性质以及它自身所具有的综合

性、实践性、自主性和生成性等特征则决定了它是一个非常开放的课程领域，具有开放性的特点。

德育活动课程的开放性主要表现在两个方面：其一，课程的开发具有开放性。这不仅表现为课程开发主体的多元性，而且表现在课程目标的确定、内容的选择、活动的实施和效果的评价各个环节上。德育活动课程指导纲要只明确了课程的总目标和内容范围。学校中的具体活动目标会因学生个性、需要的不同而不同，活动内容会随不同地区、学校特有的课程资源的变化而变化活动。过程由于学生自主地设计、组织而富有个性化，评价的标准和方式也因关注学生各异的学习体验和创造性，表现出多样性和灵活性。其二，课程实施的条件具有开放性，具体表现为学习空间的开放性和学习时间。德育活动课程应该在广泛的校内外环境中，通过互动和实践，不断培养学生的感性认知和社会能力。另外，德育活动课程的学习时间相对于传统分科课程来讲也是非常灵活的，学校可以根据实际情况把国家规定的学时总数进行合理分配，集中或分散使用。

（六）德育活动课程评价模式研究

德育活动课程的评价方法与传统的学科课程存在显著差异。学科课程主要采用目标评价和终结性评价，以培养目标为直接依据，通过编制试题和测试结果对教学效果进行评估。然而，德育活动课程更加注重过程性评价和形成性评价，即通过分析课程组织过程中的各个要素或维度来进行判断，如学生的参与度、互动频率等。此外，德育活动课程的评价侧重于学生在活动中的表现，包括其承担的社会角色、道德问题的提出、行为选择的主动性以及道德行为的践行情况。这种评价强调课程的全过程，包括活动的策划、实施和反思等环节，引导和促进学生的道德素养提升。总的来说，德育活动课程的评价具有间接性和过程性的特点，强调评价对象的综合性和动态性，从而更好地促进学生的全面发展。

二、新的德育模式所具有的特征

随着社会的不断进步和教育改革的深化，传统的德育模式已难以满足当今学生的需求。因此，构建一种新型的德育模式成为了当务之急。本书从课程模式转变的角度出发，探讨了新型德育模式的特征和实践路径。首先，新型德育模式应坚持活动为基础的教育观。活动不仅是道德体验的场所，也是道德信念形成的必要条件。只有在活动中，学生才能真正体验到道德的内涵和价值，从而形成自己的道德观念。同时，道德信念又是个体道德认知向道德行为转化的关键，是形成良好道德行为习惯的基础。其次，新型德育模式应树立学生主体地位的观念。学生是学习的主体，具有独立思考和做出判断的权力和能力。因此，在德育实践中，应充分尊重学生的主体地位，鼓励学生积极参与活动，发挥其主观能动性。第三，新型德育模式应强化课程观的认识。传统的德育课程往往以知识体系为逻辑，忽略了学生的学习经验和情感体验。因此，新型德育模式应站在学生的角度认识德育课程，将学生的学习经验与教师角度认识的以知识体系为逻辑的课程概念统一起来，使德育活动课程在德育中的合理性得到充分的认识。最后，新型德育模式应创新教与学的方法。传统的诵记式教育方式已难以满足当今学生的需求，应抛弃灌输式的教育方式，建立起在活动中学生体验、教师引导的潜移默化式教育方式。总之，构建一种新型的德育模式需要深入的理论分析和实践探索。德育活动课程作为新型德育模式的重要组成部分,需要更深入的理论研究和实践检验。只有不断创新和完善德育模式,才能满足当今学生的需求,推动德育事业的健康发展。

三、德育活动课程的价值体现所具备的特征

德育活动课程作为一种全新的教育模式,不仅是一种教育理念,更是一种全新的教育实践方式。它超越了传统教育模式的局限,关注学生的生存方式,满足学生成长的需要和社会发展的需要,促进了学生整体素质的发展。

德育活动课程的实施具有重要的价值。首先,它可以帮助学生从生活、社会现实中提出问题,围绕人与自然、人与他人或社会、人与自我、人与文化等方面,自主提出活动主题,并深入自然情境社会背景或生活领域,开展探究社会参与性的体验、实践等学习活动,形成对自然、对社会、对自我的整体认识,发展良好的情感、态度和价值观。其次,德育活动课程还可以转变学生的学习方式,变革学生在教育情境乃至在一般的生活情境后学习方式和生活方式,密切学生与生活、学生与社会的联系,为学生打开一个开放的时空,由学生自主地创造性开展学习。最后,德育活动课程还具有独特的功能发挥,它可以加强学生与生活、学生与社会的联系,培养学生的创新精神和综合实践能力。德育活动课程作为一种非常有价值的教育模式,它不仅能够关注学生的生存方式,满足学生成长的需要和社会发展的需要,而且能够促进学生整体素质的发展。同时,它也可以转变学生的学习方式,加强学生与生活、学生与社会的联系,培养学生的创新精神和综合实践能力。

四、德育课程发挥的功能

义务教育阶段的学生处于皮亚杰认知发展理论中的具体操作期，抽象推理能力相对欠发达，因此德育更需要强调具体的情境体验和实践活动，而不是抽象的概念灌输。德育活动课程提供的实践条件，更符合这个教育阶段学生的认知特点。

从品德结构的内在机制来看，任何品德素质都包含认知、情感、意志和行为四个要素。其中认知提供价值判断的理性基础，情感推动内在动力，意志支持道德选择，行为体现外在结果。德育活动课程能有机统一这四个要素，实现“知、情、意、行”的融合培养。

活动课程强调“学习中做中学”，主体参与和独立探究的机会更多，这将大大激发参与者的内生动机和能动性，是认知和非认知能力并重发展的有效途径。这符合现代教育强调的发展学生“学习能力”的根本要求。

因此，在德育活动课程引领下，辅之以学科理论课程，可以使义务教育阶段的德育形成系统、充分的教育环境，契合这一教育阶段学生的认知规律，也彰显现代德育的实践性原则。这是构建适合21世纪德育理念的有效模式。

第三节 德育活动课程与其他课程的区别

基础教育要用系统观照反思课程设置对培养目标的服务关系。两类课程在功能上有区别，但从整体性原则看都是教学系统不可分割的构成部分。可以运用科学教学法比较分析两类课程的课程理念差异，并基于教学规律研究可能的矛盾及解决机制。要加强教师队伍理论修养，处理好参与体验式课程与学科类课程之间的关系，实现优势互补。针对课程内容关联的情况，要立足认知加工理论和知识迁移理论，通过组织体验活动、引导学习反思、比较教学法等，帮助学生形成统一的知识网络，实现学科课程与活动课程的有机衔接。

许多综合实践活动老师在开展学科合作探究后，自以为开展了德育活动课程，其实不然。除了在以学生分数为主要评价教师的标准的条件下，教师很容易让非考试科目包括德育活动课程成为考试学科服务的课。德育活动的实施对任课教师的综合素养和指导能力也提出了比较高的要求，但教师往往在指导具体活动的时候，感觉力不从心，从而用学科合作探究替代了德育活动。因此，我们德育活动教师首先要牢固树立以能力提高和情感态度价值观提升等核心素养发展为导向的学生发展观，从改变学生的学习方式入手，从德育活动课程的开放性、人文性和选择性等三个方面寻找向学科拓展性课程渗透的突破口。学科课程的合作探究与德育活动有许多共性和联系，他们有程度不同的自主性、实践性和探究性，两者都可以采取小组合作学习的形式进行。但是，学科合作探究与德育活动又有许多区别，不应归属于德育活动。①

一、德育活动课程与其他课程实践性的区别

德育课程可以根据功能定位分为理论教学类和实践体验类。后者强调情境中参与构建意义，前者侧重概念体系建构。

①吴秀敏．试析综合实践活动课程与传统学科课程的"分"与"合"[J]．考试周，2017，(21)：33-34.

这蕴含着不同的课程理念。体验式课程更具开放性和情境依赖性特点,其多样化的组织形式决定了其空间时间弹性优势。这提供了丰富的教学资源条件。理论类课程组织重在满足学科内在逻辑,而实践类课程更加关注个体发展需要。这与学生中心理念相契合。活动课程能激发内生动机,有助于价值理念内化为内在认知结构。这符合品德发展的整体性原则。

教学方法上,德育学科课程以教材为主,主要借助语言,多数情况下教师讲得多,学生讲得少。要使学生的精力集中于课堂靠的是道德知识的逻辑性、学生对知识的兴趣以及教师的不断提醒。德育活动课程中教师组织的是直接经验和实际参与活动的活动者。因此,德育活动课程的教学模式要构建一种情境,在这种情境中为学生提供各种实践机会和角色互动的机会,使活动产生一种民主和谐的气氛,以达到潜移默化的影响。德育活动课程在教学方法上比德育学科课程要丰富,并更趋实践性。活动课程作为一种开放的教学模式,允许采用多种教学方法和手段来实现课程目标。这基于活动教学的多样性特点。

根据德育活动的性质区分,方法可概括为观摩体验类、交流互动类、动手操作类、培训展示类等。这些方法都强调学习者的主体参与和直接体验。不同方法侧重点有所差异,需要教师因材施教,针对教学目标科学选用。这符合教学方法的目的性原则。综合运用多种教学方法,可以使德育活动形式多样而富有趣味性,有利于提高学习兴趣和参与度。这有助于德育效果的提高。

二、德育活动课程与其他课程自主性的区别

活动课程奉行“学习者中心”理念,强调主体的自觉参与,

实现“我范式”;知识传授类课程更强调客体和教师主导性。课程开发要本着需求分析原则,以学习者分析为基础,紧密联系目标群体特点设计教学环节。价值判断和选择是道德活动的核心要素。活动课程通过置学生于具体情境,实现价值导向的主动学习。教师需处理好过程引导和结果预设的关系,既发挥示范作用,也尊重学生的自主探究。这体现教育的价值性原则。

三、德育课程类型之间经验来源的差异分析

从经验渊源看,德育课程可以分为直接经验基础型和间接经验基础型。前者强调情境体验,后者侧重概念内化。直接经验课程通常是项目化的,内容生成与问题解决并重,符合构建主义理念。间接经验课程更加系统,强调知识概括与内化,稳定性强。两类课程体现了经验的直接性与间接性差异,理论联系与情感体验的辩证关系,整体发挥德育协同效应。

四、德育活动课程的实践性质与学科课程的认知属性

学科课程注重知识体系的系统性,遵循认知规律和逻辑推理。因此,课堂教学强调传授文化学科的基础知识,提高学生的认知能力。而德育活动课程则强调情感体验和实践参与,遵循身心发展规律。其教学组织采用“问题导向”和“任务驱动”的实践形式,促进学生实践技能、创新思维和社会责任感培养。由此可见,两类课程属性不同。德育活动课程作为一门实践课程,其教学核心不在于系统知识、标准答案,也不能简单化为教师讲授和学生记忆。相反,它需要通过情境体验、互动交流、参与实践等方式,帮助学生内化道德规范,积极面对问题,培养社

会适应能力。所以,德育活动课程应该发挥其实践取向的特质。教学避免模仿学科课程的认知式和知识传授模式,而应关注学生的情感体验和实践参与,帮助其将道德价值观转化为内在信念和自觉行动。这是德育活动课程的核心所在,也是其与学科课程根本区别。

五、德育活动课程是一门跨学科的综合性课程,而学科课程是单一领域的课程

学生要解决实际问题,往往需要运用多学科、跨领域的知识,比如要运用语文、数学、科学、历史、地理、音乐、美术和体育等学科知识,而只有德育活动课程才能担当起运用多学科、跨领域知识的重任,并在问题解决过程中不断获得新的知识和技能,对学科课程的知识起到了延伸、综合、重组与提升的作用;而包含合作探究的学科课程重点在于依据单一学科的课程目标达成固有的知识点落实,学生学得再好,也只是培养了一种学科素养。

六、德育活动课程属于自主探索式学习,学科课程侧重接受式学习

德育活动课程的总目标在于培养学生的实践能力、创新精神、社会责任感等综合素养。为实现这一目标,其学习方式主要包括研究性学习、体验性学习、参与性学习等。学生通过探究发现和亲身实践,积极探索问题,获得直接经验。而学科课程则侧重学生掌握系统化基础知识和技能,发展思维能力。因此,其学习方式主要是接受性学习,注重对知识的理解、记忆和内化,形成学科概念体系。尽管学科课程也提倡研究性学习,但其探究仍局限在学科知识范围内。而德育活动课程的探究则致力于培养学生对自然、社会和自我更为全面与立体的理解，超越学科概念的局限，关注学生的全面发展。这是两类课程在学习方式上的根本区别。

七、德育活动课程背景具有真实性，而学科课程具有抽象性

德育活动课程的探究题目根植于真实生活，要求学生面向复杂的实际问题，培养怀疑精神和提出问题的能力。解决这类复杂问题需要学生运用搜集信息、交流合作等综合实践能力，以及批判性、创新性思维。而学科课程探究的题目仅限于本学科知识体系之内。一部分来源于简化的真实情境，一部分只停留在理论假设。学生通过这类探究可以发展解决规定问题的能力，但其成果往往只有理论意义而缺乏实际意义，因此对实践能力和创新精神的培养作用相对有限。可以看出，尽管两类课程有差异，但并非对立。德育活动课程的实践探究精神应渗透到学科学习中，促进学生运用知识解决真问题；学科课程提供的理论和方法也可支持德育活动的开展。才能达到最佳教育效果。所以，德育活动课程植根真实复杂情境，关注培养学生解决实际问题的综合能力；而学科课程偏重抽象理论探讨，注重推理能力和体系化理解。这是两类课程性质和育人目标上的本质区别。

第二章 小学德育活动课程教学资源的开发与利用

第一节 教学工作中德育活动课程教学资源的开发

随着社会环境和德育内涵的不断变化，学校德育工作面临新的情况和挑战。必须充分利用各类教育资源，积极开发适应当代需求的德育方式。如利用教育基地开展实践活动，探索学校、家庭、社区协同育人，挖掘校园文化建设中的德育元素，开展相关科研，发挥学术团体作用等。要运用系统理论，形成合力，提高德育工作的针对性和实效性。

学校德育可分为认知途径、行为规范途径和情感体验途径。因此，可以构建课程体系，理论结合实践，知识训练和素质培养并重，教学渗透和活动促进相结合。既安排认知性课程，又以德育活动课为主线，在学科、基地和隐性课程之间建立机制性联系。

道德发展基于认知和情感两个层面。不能单纯用社会规则判定个体道德水平，而要将这些原则内化于不同个体之中。所以，在德育活动开展中，需要因材施教，注重个性发展。本章接下来部分，拟从教学工作视角阐述如何有效开展和实施小学德育活动课程。

一、在教学工作中高效开展小学德育活动课

小学是学生形成价值观的关键期,德育工作对学生发展具有重要意义。长期以来,小学德育工作虽取得一定效果,但距离要求仍有差距。当前形势下,德育教师需提高工作质效,帮助学生养成健康思想品德。在小学德育工作中,德育活动课极为关键。它强调实践性,可激发学生主体性,通过活动让德育内容得到体现。特别是在新的背景下,德育教育强调理论联系实际,因此德育教师需把德育活动课作为德育工作的重点。

如在组织“爱护地球保护环境”的德育活动课中,德育教师明确活动目的,设计丰富的活动过程。该活动旨在培养学生热爱地球家园的品质,养成节约资源等良好行为习惯。其组织过程可分三步:第一,利用多媒体展示环境对比,引出环境保护的必要性并引发学生讨论;第二,通过课文朗诵激发学生情感,坚定保护地球的决心;第三,总结反思并组织调查,促使学生行为转化,提高实践能力。

在设计这类德育活动过程中,教师要发挥关键作用,引导学生参与,使之从认知上理解和情感上体会相关道德价值,进而自觉地践行于行动,以达到德育的预期效果。

二、认知性德育课程的开发

在教学工作中,需要高度重视认知性德育课程的开发与利用。认知性德育课程分为专门的德育课程和非专门兼容德育元素的学科课程两类。前者直接传授道德知识,后者通过在其他学科课程中渗透实现间接德育。我国德育工作主要采取后

一种间接方式，即通过人文学科等非道德学科内容，使学生在潜移默化中获得道德感染与熏陶。因此，学校必须树立全员育人理念，充分挖掘各学科资源中的育人因素。但在利用各学科课程开展德育时，还需平衡直接渗透与学科本职任务的关系，避免影响学科体系的学习。

与此同时，认知性德育课程本身也面临灌输式教学的风险，容易失去内在价值。但是，传授必要的道德知识，又是培养学生道德素质的基础。因此，在遵循教育学原则和尊重学生主体性发展的前提下，可以将现行课程改造为“认知性课程”。在这类课程中，每一个学生都成为德育过程的主体，能够内化道德知识和价值理念。并且，课程目标不应仅停留在传授知识，而要注重培养学生的价值观念和行为习惯。因此，认知性课程还需要与活动性课程和隐性课程有机配合，共同促进道德的内化与外化。

（一）开发运用学生真实的生活体验资源

从教育学视角来看，思想品德课程体现了知行合一的生活性教育理念，即在学生的生活实践中不断促成知识、体验与情感的螺旋上升。因而，教学过程必须紧扣学生的生活实际，挖掘学生直接体验中的不断成长轨迹，建构与生活世界内在相关的课堂教学。具体来说，教师首先需要从学生的身边故事与经历入手，激发个体情感共鸣，接着才能引导其从具体情境中提炼理性思维，达到知识与实践的双向转化。如此不仅内容针对性更强，育人效果也更好。因而，启发式体验教学应作为思想品德课教育的核心路径。

(二)开发运用学困生的闪光点资源

基于教学的关爱包容性原则,思想品德课程在设置实践教学环节时,教师有必要关注学困群体的需要,对核心难点给予指导,以确保他们能跟上总体进度要求。同时,在实践成果评价中采取平衡视角,既考量产出效果,也客观分析过程问题,这可培养学生对结果与方法的辩证思维,并持续追求进步的自我超越精神。在诸如资料搜集等教学过程中,当学生在知识传授和行为评价的双重互动中,也在潜移默化中获得道德熏陶,教师可抓住时机引导学生将这一熏陶内化为自觉行动。最后,作为整体过程的高潮环节,拓展创新通过启发学生的创新思维,达到培养学生创新精神和创造能力的预期教学目标。

(三)开发德育活动课程要研究和运用好教材

从课程建设视角看,教材作为课程理念与标准的集中体现,承担着连接政策导向与教学实践的桥梁作用。因此,教师必须通晓特定教材的编写思路,做到融通运用,才能确保课程实现预设教育目的。在开展德育类综合活动教学时,不仅要考量教学方法、课程设置这些表层因素,还需关注教学理论与实践之间的内在逻辑问题。教师应发挥主体性与创新精神,深入探索总结德育活动教学规律,形成系统完备的德育活动课程体系,为教学实践提供科学指导的理论路线。

三、活动性课程的开发

活动性课程的开发是对传统教学模式的反思和超越,强调学生的主体性和主动参与,以学生的活动需求和经验为中心组织课程。从学科教育和道德教育的角度来看,活动课程具有重要意义。

活动课程的实施过程中,需要充分挖掘德育资源,将认知功能和德育功能紧密结合起来。通过改变学习方式和认知方式,促进学生创新能力的培养,并加强情感教育。传统的思想政治课教学已经无法适应时代发展的要求,德育工作缺乏针对性、实效性和主动性。

在活动课程的实施中,不仅要注重学生知识和技能的培养,还要关注学生的情感和态度发展。这包括培养学生的社会责任感、团结互助的合作意识,以及严谨求实、科学态度等品质。活动课程的德育功能应与学科课程的德育功能相互补充,形成统一的课程体系。

然而,活动课程也存在一些问题。其中,活动设计难度较大,需要教师事先做许多准备工作;直接体验容易情绪化,难以促使学生进行理性思考和整体理解,需要教师引导学生进行整理加工等。因此,德育工作者应高度重视这些局限性,善于发挥活动课程的长处,并克服其短处。

最后,活动课程与认知性德育课程和其他学科课程需要相互结合。学习离不开直接经验和间接经验的融合,因此活动课程与其他课程的结合将为学生的综合发展提供更好的支持。

综合来看,活动性课程的开发对于教育实践具有重要意义。通过学生的主动参与和实践活动,活动课程促进学生的全面发展和道德形成。在实施过程中,需要充分挖掘德育资源,将认知功能和德育功能有机结合,并与其他课程相互结合,形成统一的课程体系。同时,需要关注活动课程的局限性,并善于发挥其优势。

(一)开发班、队活动课程

班、队活动课是小学德育不可或缺的阵地之一,虽然被列入课程表,却是一门"三无"课程,无课程标准、无教材、无课程评价。正因为如此,班、队活动课随意性大,常常被学科教学挤占,或者班主任将其上成了批评会、思想教育会,大大削弱了班队活动课的育人功能。班、队活动课应充分发挥年段长和班主任的作用,集众人智慧,开发年级班队活动课程,促进班队活动课的科学化和规范化。如学校"天天向上"中队开发了"烹饪课程",从四年级起,每周五下午最后一节班队活动课上"烹饪课",以饮食文化欣赏课和烹饪操作课为主,还包括美食品尝、课后器具整理及卫生清洁等,授课教师由班主任和家长志愿者担任。为了检验该课程实施的成效,该中队每学期开展一次"厨王争霸赛",方案的制订、活动的前期准备、厨师评选都由学生和家委会成员共同完成,洗菜、切菜、调味、装盘由小组成员分工合作。

(二)开发好习惯养成教育课程

小学阶段,学校德育工作的重点就是养成教育,重视良好习惯培养,是为学生幸福人生的奠基工程。但是在学校教育中,好习惯的养成教育往往没有形成体系,没有形成合力,费时费力却收效甚微,好习惯教育课程化正是养成教育的最好载体。如学校开发了分层序列化好习惯养成教育课程,在整合各年级教师智慧的基础上,提出一个按照难易程度及覆盖范围递进的方式,来帮助学生在6个年级内培养24个好习惯。具体来说,可以为每个年级设定2个学习习惯和2个生活习惯,总共6个年级×4个习惯=24个习惯。原则是:从易到难。低年级习惯难度较低,高年级难度逐步增加。从浅到深。低年级习惯范围较浅,高年级范围覆盖更多方面。采用螺旋上升。同一个习惯在不同年级有递进式认知和实践。

(三)开发家校合作课程

为了更有效利用家庭教育这一重要资源,学校应当定期开展家校合作课程,让家长参与学校德育教育的过程中。可以通过举办德育演讲会、家长座谈会、家长参观日等形式,让家长认识到德育的重要性,并了解到家庭教育在培养孩子德育素养方面的作用。在这一过程中,德育教师应当充分发挥自身的作用,与家长建立良好的沟通关系,让他们意识到家庭教育在德育工作中的不可忽视的作用。同时,学校也可以开设“家长参观日”,让家长定期参观孩子的德育课,从中获得感悟并与德育教师交流。在此过程中,多开展《今日我做小主人》这样的课程,可以让学生扮演小家庭的主人,学习如何分配家庭任务并承担自己的家务劳动。通过这样的活动,学生可以意识到自己的家庭责任,体谅家长的辛劳,并且养成良好的劳动习惯。家长也可以从参观中获得启发,意识到家庭教育的重要性,并承担起教育责任,为孩子营造良好的家庭氛围。

我们要挖掘资源,建立完善的家校联动网络,形成合力。家长来自各个不同的行业,有着各自的优势和特长,开发家校合作课程,有利于拓宽教育渠道,创设家长参与学校教育的平台,更好地发挥优秀家长的示范引领作用。比如学校开设“家长百家讲坛”课程,家长走进课堂,担任教师,借助职业优势,或讲家乡美,或支安全招,或讲理财小窍门,或做小制作,或开展心理团体游戏,新鲜的课堂,新鲜的面孔,新鲜的知识文化大餐给学生带来了全新的成长体验,较好地弥补了学校教育的不足,丰富了学校的德育活动课程。

(四)开发社会课程资源

为了引导学生关注社会生活和大自然,新课程标准提出了让学生参与社会实践活动的要求。德育教师应当鼓励并指导学生参与这一活动,如开展“我们的饮食调查”实践活动。在教师的指导下,学生可以制定活动计划,并分工进行采访、记录、照相、联系等工作。学生可以采访学生、家长、教师,或者其他学校的同龄人,从中了解不同人群的饮食习惯。随后,可以开展“跟不良饮食习惯说拜拜”的大讨论活动,让学生充分认识到良好的饮食习惯对身体健康的重要性,并且学会关注社会、关注生活。这样的活动不仅可以培养学生的社会责任感,也可以开发社会课程资源,为学生提供更多的社会实践机会。

四、在教学工作中开发德育活动课程的途径

(一)课堂训练,作业和试题中渗透

为了向学生渗透德育理念,各科教师应当在编排作业、练习和命题时,注意增强思想性。例如,在语文课中选取阅读练习的文章、作文材料和试题素材时,应当针对学生的思想实际,选取具有教育意义的文章或片段。这样,学生在完成作业和练习的过程中,可以接受思想教育,提高自身的德育素养。

(二)在综合实践活动课程中渗透

为了在综合实践活动课程中渗透德育教育,可以开展多样化的学科活动,如“政治小论文评奖活动”“热爱家乡”演讲比赛,自办小报选展,书画展,学科知识竞赛等。同时,可以组织

学生调查家乡在改革后的变化，让学生了解祖国的发展和进步。通过这些活动，不仅可以丰富学生的课余生活，拓宽学生的知识视野，发展学生的个性特长，还可以培养学生热爱祖国、热爱家乡、热爱社会主义的情感，促进他们树立正确的人生观和价值观，养成良好的思想品质，健康的生活情趣，提高他们的审美能力。

（三）在教学的日常性活动中渗透

除了课堂教学外，科任教师还应当在日常性活动中渗透德育教育。在课堂管理和与学生的日常接触中，教师可以针对学生的表现进行随机教育。通过自己的仪表态度、言谈举止和处事待人，发挥表率作用，要求学生遵守日常行为规范，培养学生正确的学习动机，建立良好的学风，养成良好的意志品质和文明行为习惯，从而提高学生的思想道德素养。

五、在教学工作中开发德育活动课程的方法

（一）语言熏陶法

语言熏陶法是一种重要的德育活动课程开发方法。在课堂教学中，教师应当充分发挥有声及无声语言的作用，通过教材内容进行情的迁移和情的默化，让学生受到良好的思想熏陶。现行教材中蕴含着丰富的德育因素和广阔的德育天地，如语文、地理教材中展示的西湖的明艳、泰岱的雄浑、天山的绮丽，山峡的雄壮，数理教材中包含的正数与负数、正电与负电、化合与分解等对立统一观点，以及简练、齐整、和谐、对称的科学与形式美。如果教师能够运用绘声绘色、富有感染力的语言，将这些内容融入知识传授中，就可以实现对学生的德育渗

透,激发学生的爱科学、建设祖国的豪情壮志。

(二)讲授分析法

除了语言熏陶法外,讲授分析法也是一种重要的德育活动课程开发方法。在课堂教学中,教师可以根据德育目标的需要,通过对教材内容的入情入理分析,来渗透思想品行教育。例如,在讲授《我的战友邱少云》这篇文章时,教师可以通过对邱少云烈火烧身时的行为和内心活动的分析,向学生传递严守纪律、勇于献身的教育理念。

(三)兴趣教学法

还有一种重要的德育活动课程开发方法是兴趣教学法。通过根据学生的爱好,在启发引导学生积极性的同时,渗透思想教育。比如,在教学《草原》这篇文章时,可以运用热情、朴实的语言,描绘大草原雄浑、绮丽的自然景色。同时,通过语言首先介绍大草原的旖旎景色,或者利用幻灯、录像、图画等直观展示大草原的绮丽风光,不仅能激发学生的学习兴趣,还能渗透培养学生热爱祖国的思想感情。

(四)推荐读物法

此外,教师还可以根据教育目标的需要,依据教材内容推荐一定的优秀政治思想读物,让学生阅读,从中渗透思想品德教育。例如,在学习历史课时,可以推荐《上下五千年》《昨天、今天、明天》等国情教育读本,让学生通过阅读接受教育。

(五)开展活动法

除了上述方法,还可以通过开展活动法进行德育活动课程的开发。教师可以根据教学内容的需要,组织一些必要的活动，如大、中、小队活动和各种周会、班会等，来进行法制教育和革命传统教育，使学生在热烈的活动气氛中受到教育。

（六）审美教育法

同时，审美教育也是一种重要的德育方法。现行小学教材非常重视对学生的审美教育，不论是自然、地理展示的自然美，还是音乐、美术、语文展示的自然美，以及历史、政治、数学、理化展示的理性美，都是教师进行审美教育的好教材。总之，教学中传授知识发展智能是形成辩证唯物主义世界观的基础，而学科中的政治思想和道德品质教育则为完成学科知识、智能教育提供了内在的动力和思想合格证。学生的共产主义世界观的形成必须与他们的学识、智能、意志、情感、品质的培养同步发展，这样才能培养出社会主义事业的接班人。

第二节 课外活动中德育活动课程教学资源的开发

一、在学生参与社会实践的过程中渗透德育

教师可以领导学生进行需求调查，设计合理的社会参与项目，将其纳入选修或必修课程内容。学生通过开展定期的志愿服务，培养学生融入社会的意识和服务社会的责任感。比如学校可以充分利用学校周边的资源开发实践活动课程，与图书馆、艺术馆、科艺馆、博物馆合作，开发艺术、民俗、科技活动课程等；或带领学生走进大型国企、私企，开发动手操作类课程。再如寒暑假社会实践活动课程，社会实践活动课程做到“七

有”，即有目标、有主题、有方案、有布置、有落实、有评比、有展示。课程目标设定为：一是培养学生融入集体生活的情商；二是磨炼学生意志，培养抗挫折能力的逆商，三是引导学生形成树立理想、信念的志商；四是培养学生学会合理安排生活、购物、旅行的财商；五是培养具有公民素养，有崇高道德品质的有德商的现代公民。在课程目标、课程内容、活动建议的指引下，学生自发组成社会实践活动小分队，深入工厂、农村、社区、博物馆、科技馆、图书馆、少年宫、教育实践活动基地等开展实践活动。

二、在学生的课下生活中渗透德育

“生活即教育，教育即生活”。学生良好品德的养成扎根于学生的真实生活。因此，教师平时应注重学生在日常生活中的所作所为、所思所想、所欲所求，并且有针对性地开发课程资源，从而最大限度地增强德育的实效性。教学以学生生活为资源，降低学生个人的发展难度。多多关注学生的实际生活，充分挖掘小学生的潜能和利用符合小学生年龄特点和学生的个人能力水平的研究课题，是开发出德育活动课程资源的重要途径和方法。比如在学校附近的小商店，以麻辣条、香米条、臭干子这些垃圾食品吸引孩子们的目光，像这些色泽可疑，油腻，包装粗陋，甚至“三无”的问题小食品，食用它们对孩子成长的危害是不言而喻的，可以开展活动主题为《关于小食品的调查》的活动来引导学生进行讨论。①

还有就是要了解学生私下在干什么，在学生的课下生活中

①陈淑贞．生命视角下小学校本德育实践活动课程资源的开发与研究[J]．少男少女，2017，1，(18)：22-23.

一点一滴渗透德育。伴随着改革开放的深入，在多元文化背景浸润下的小学生，看韩剧，观日本动画片、吃麦当劳、喝可乐、过洋节等，他们相对熟悉的名字是：樱桃小丸子、蜘蛛侠，奥特曼、蜡笔小新、神奇宝贝、叮当猫、派大星，数码宝贝、百变小樱等。接着是要引导学生学会干什么。学校要主动引导学生走出外来文化包围的怪圈，要发展学生的课后兴趣，要播放优秀的儿童故事片、聆听健康的儿童歌曲，要推荐优秀儿童文学读物，要带领他们参观图书馆，博物馆，科技馆，鼓励学生主动参加社会公益活动，尊老敬老等。学校应该积极推动课外活动的开展，鼓励学生广泛参与，以此来扩大他们的社交圈子和增强其积极的心态。在一个充满正能量的校园环境中，学生更容易接受和实践健康的价值观念，从而自然地遵守必要的行为准则。这种方式不仅可以提高学生的道德素质，也有利于创建和谐的学习环境。

在立德树人理念的引导下，新课程的小学德育教育应当采取多元化的方法进行渗透，以实现润物无声般的德育效果。例如，通过诵读国学经典来渗透德育。中华民族拥有丰富灿烂的历史文化遗产，包括许多珍贵的国学经典，这些都是先贤留给我们的宝贵精神财富。通过引导学生诵读这些经典，可以极大地推进德育教育的发展，培养学生优秀的品德。此外，课外阅读也是一个很好的渗透德育的途径。它不仅可以扩展语文课的内容，还能帮助学生积累知识，开阔视野，提升综合素质，更重要的是，它可以帮助学生塑造良好的品质和健全的人格。因此，教师应该积极引导学生阅读各种优秀的课外读物，使学生能够从中学习到优秀的品质，让道德在学生心中生根发芽。

再如社会主义核心价值观倡导“诚信教育”，我们在实施校本德育活动课程资源开发时，摒弃了以往强调宣传口号与灌输说教，让学生死记硬背的低效教育方式，而是从建立学校“心灵书吧”切入。学校后勤部把图书采购回来，让学生把书籍录入系统、放进书架，“心灵书吧”实行全开放且“无人管理”，学生自行借还登记，并自觉把书籍放回原处。学校在每一本书里都放有“诚信书签”，书吧的小小电子屏每天公布着诚信借还书籍数据，公布同学们爱心捐赠书籍、爱护修补书籍等数据，每月学生对自己诚信借阅图书情况进行自我评价，在这实践活动中，学生每次在借还书籍过程中，实际上都是在进行诚信的自我教育、自我反思、自我约束，也是在鼓励学生要成为诚信榜样。这样坚持下来，学生对诚信教育有了更深刻的认识，诚信自然而然扎根于心灵，并成为自觉的行为。“诚信教育”校本德育活动课程的开发，昭示了我们德育活动课程更需要“教学做合一”的方法，德育活动课程资源开发与学生的真实生活密不可分。扎根于学生真实生活的道德教育资源，让校本德育活动课程更有生命活力，更让学生获得价值体验、情感体验，乃至产生态度、行为或观念上的改变或升华，这就是德育成全生命的见证。

三、结合学生的心理健康状态渗透德育

当前，随着社会转型和科技发展的加速，小学生也面临着更大的心理压力和更复杂的环境适应问题。如何在德育工作中关注学生心理健康，进行有效的心理辅导和指导，已成为小学教育面临的重要课题。

相关研究表明，小学生正处于人格塑造的关键时期，心理发展特征具有明显的个体差异。教师在德育教学中，必须充分

考虑学生心理发展规律和个体差异，针对性地设置与之相适应的心理健康教育内容。这需要教师具备必要的学生心理学和发展心理学知识，同时也需要学校配备专业的心理咨询师来开展定制化的心理辅导。

在教学过程中，教师还应多元化地引入情景教学、讨论交流、游戏互动等方法来开展德育和心理健康教育，调动学生参与的积极性。具体而言，教师可以组织学生围绕生活和学习中的实际困惑展开讨论，帮助学生建立正确的价值判断能力；或者设计相关的角色扮演和模拟情境，培养学生的同理心和应变能力。

通过专业化和定制化的德育与心理健康教育，小学生可以建立起健康向上的心理品质和应对环境变化的内在韧性。这不仅有利于学生当下的身心健康，也为他们未来的全面发展奠定基础。教育部门还应加强对小学教师的培训和支持，提升教师开展这方面工作的专业能力。

第三节　校园文化中德育活动课程教学资源的开发

一、校园环境

环境教育的最佳载体就是学校，教师应充分利用校园环境开展德育工作。比如，校园建筑可以设计得兼具功能性和人文精神，园林布置和场地安排也可巧妙地渗透教育理念。这使学生在轻松愉悦的氛围中不知不觉地学习和实践。教师还应组织环保、生态保护等主题实践活动,引导学生亲自动手参与其中。这种体验式学习不仅使抽象知识具体化,也让学生在互动和合作中获得情感体验,更好地内化价值理念。

相关研究表明,这种“隐性课程”的环境教育能有效培养小学生的环境责任感和社会责任感。教育决策部门应加大对校园环境教育和主题实践的支持。一方面,加强对前线教师的培训,提高其运用校园资源开展德育教学的能力;另一方面,也要增加环境教育和主题活动的资金投入,提供更多高质量的课程资源与活动平台。只有把校园建设成一个无处不在渗透着教育理念的立体文本,今天的小学生才能成长为明天担当社会责任的好公民。

二、校园文化

校园文化是学校内涵型发展的核心要素,同时也是开展德育工作的重要平台。一所学校的办学理念、价值取向、精神面貌都凝聚在其校园文化之中。因此,各类中等职业学校必须高度重视校园文化建设。

一方面,要积极优化硬件设施,打造体现职业教育特色的人文环境。景观设计、室内装修、标识系统都应该具有工匠精神的文化底蕴。配置专业教师和管理团队,培育学校的文化传统与精神,举办形式多样的主题教育活动,使之成为德育工作的有效载体。通过这些“软实力”,影响学生的行为习惯和价值取向。

另一方面,还应善用数字化手段,积极运用新兴的网络媒体渠道。应建立健全学校网站、公众号、微信群等在内的网络舆情监测和引导体系,主动设置正面的价值话语,及时化解负面信息的不良影响。并利用网络平台开展形式多样的德育互动,普及法制知识,培养学生的网络伦理。

三、人际关系

在教育过程中,良好的人际关系对于学生的成长具有至关重要的影响。教师应该树立起良好的师表形象,建立和谐的师生关系,这是学校德育工作的基础。同时,教师应该尊重学生的人格,给予他们充分的信任和爱,这将有助于促进学生智力、情感、个性的全面发展。

学校应该设置和开发多种形式的德育课程,构建完整的德育课程体系。这些课程可以包括课堂教学、课外活动、社区服务等多种形式,以满足不同年龄段、不同兴趣爱好的学生的需求。通过这些课程,学生能够更加深入地了解道德规范和价值观,从而提高自己的道德素质。

教师应该发挥自己在道德教育中的引领作用,成为学生的榜样和引路人。教师不仅需要传授知识和技能,还需要传递正确的道德观念和价值取向。只有当教师自身具备高尚的道德品质和深厚的人文素养,才能够真正地影响和引导学生。综上所述,良好的人际关系和完整的德育课程体系是提高学生道德素质的关键。学校和教师应该共同努力,营造和谐、积极向上的学习环境,为学生的全面发展打下坚实的基础。

四、校园节日

在教育过程中,校园节日是促进学校德育工作的有效途径之一。学校特有的“节日”意义非凡,它们不仅能够提升学生的兴趣度与参与度,还能够让学生在课程学习中感受到文化的魅力。例如,三月社会责任担当月、四月读书节、五月艺术节、六月童玩节、九月感恩节、十月科技节、十一月体育节、十二月英语节等,这些校园节日紧扣“校园节日文化”打造德育活动课程,对学生更具吸引力。

校园节日文化课程的开发,可以更好地促进学生的全面发展。首先,校园节日可以激发学生的兴趣,让他们更加积极地参与到学习活动中来。其次,校园节日可以培养学生的团队协作精神,让他们学会相互配合、相互支持。再者,校园节日可以增强学生的文化自信心,让他们更好地认识和理解自己所处的文化背景。

因此,校园节日是促进学校德育工作的重要组成部分。通过开发校园节日文化课程,学校可以更好地促进学生的全面发展,让他们在课程学习中感受到文化的魅力,提升他们的兴趣度与参与度。

五、学校教育体制

学校教育体制是影响学生道德行为形成的重要因素之一。它包括学校的领导制度、科层组织、校长的领导风格、教师的教学组织与管理等方面。研究表明,不同的领导方式会对学生的行为产生显著影响,因此建立合理科学的教育体制对于形成学生良好的道德行为至关重要。学校的物质环境可以看做是学校的硬件设施,而学校的组织和制度则是学校的软件设施。学校选择什么样的组织结构和制定什么样的规章制度,对学生的思想道德素质形成和发展具有重要影响。例如,学校选择的领导和领导方式、教学生活与其他活动的安排方式、教育教学的评价制度等,都会对学生产生潜移默化的影响。

学生具有较强的模仿性，尤其是小学生，教师的言谈举止都成为学生的模仿对象，因此教师的德行对学生的道德行为养成有着深远的影响。提高教师的德行首先需要规范教师的日常行为，从细节入手，从规范着眼，从平常做起，让老师的模范行为成为对学生道德行为养成的“无声教科书”。同时，培育教师团队精神也很重要，教师的团队合作意识和协作操守等品格，对学生的道德学习也会产生潜移默化的影响。

所以，学校教育体制对学生的道德行为形成具有重要影响，学校应该建立合理科学的教育体制，规范教师的行为，培育教师团队精神，以促进学生的道德素质的提升。

（一）校长领导方式方面

校长不应该高高在上，时刻以威严不可侵犯的形象示人，校长要起到良好的领导示范作用，应该和蔼可亲，平易近人，体贴关怀学生，这样才有利于学生养成礼貌、诚恳、谦虚、热情等基本文明习惯和民主观念。

（二）少先队的领导方面

少先队的大队辅导员在学生中起到领导的作用，少先队德育应该把公民教育和基本的道德教育紧密结合，让小学生从小学会基本的道德规范，培养学生的责任心、羞耻心和文明礼貌习惯。

（三）制度建设的民主性方面

学校是一个系统性的社区，各项组织制度都会影响学生的成长与发展。传统上，学校领导者主导制定各种规范和制度，这种“命令式”的管理方式容易造成学生的抵触情绪。与此同时，制度本身也带有强烈的主观性和意识形态特征。

为注重学生的主体地位，需要在制定各项制度时，采取民主参与的方式，即通过与学生的广泛交流和协商，帮助他们理解制度的含义和目的，同时听取学生的意见建议，在可能的情况下进行修改完善。这样不仅能减少制度的主观倾向，提高学生的认同感和执行热情，更重要的是能够培养学生民主参与的能力和意识。

六、志愿服务

志愿服务作为德育的重要载体，可以有效地培养学生的公民意识和社会责任感。学校应将志愿服务纳入教育计划、借助各种社区平台，组织不同形式的志愿活动，例如走进社区和企业开展服务，这不仅可以发挥学生的专长技能，同时让他们真正体验到为他人服务的快乐。同时，可以结合雷锋精神，建立长效的志愿服务机制，加强活动的制度保障。值得注意的是，志愿服务活动应深入社区和家庭，扩大影响面，真正走进民生。此外，活动还应广泛宣传先进人物的道德典型，通过学习典型人物塑造正面价值导向，引导学生树立奉献他人的态度。总之，以志愿服务为载体开展德育，不仅可以提升学生的社会实践能力，培养公民操守，也有利于构建和谐校园社区。

七、校园安全

学校安全涉及广泛，事关人的生命财产与精神健康。当前，不安全因素日益复杂，学生的安全意识和防范能力亟待加强。因此，学校安全教育必须贯穿于德育工作的整个进程，采取循序渐进、层层深化的策略。

首先，教师需针对不同年级学生的心理和生理特点，设置能接受和理解的安全教育内容。低年级可着重生活安全,高年级则逐步扩展至网络安全、心理健康等。其次,要贴近学生生活实际,将家庭、校园、社区等环境安全融为教学情境,使学生形成安全意识的知行合一。再次,要开展丰富多样的安全探究活动,引导学生亲自动手、亲身体验,使抽象知识具体化,推动内化和践行。最后,通过回顾思考、交流讨论等环节,使学生获得情感体验,增强其防范各类安全事件的综合能力。

再次,校园安全是一个系统工程,学校需要建立起科学规范的安全管理机制,构建起行之有效的安全防范网络。这涉及学校领导的高度重视,校内外部门的密切配合,以及运用现代科技手段加强监控预警、应急处置等。

学校还需要开设专门的安全教育课程,配备专兼职教师,采用启发式、互动式的教学方法,因材施教。通过模拟事故情景、社会实践、结合多媒体手段,使学生全面系统地掌握安全防范知识。

要重视家校社协同,建立安全工作联席会议制度,开展学生送学及社区巡视活动,广泛凝聚家长和社会力量共同关注学生安全。还可设置专项基金,鼓励开发安全教育课件,组织或委托专业机构开展学生心理疏导辅导等,提供全方位的安全保障。

要建立安全档案制度,掌握教职工生身心健康动态,针对存在安全隐患的学生个体化施策。对癖好极端的学生,要及时干预和引导,避免事态扩大。定期开展疏导活动,为学生成长搭建绿色温馨的土壤。

在此基础上,通过调研、访谈、观察等形式,学生可以深入了解家庭、校园及周边社区存在的安全隐患。抓住学生身边切身事，使其意识到潜在的风险。在家长和教师指导下，学生还可以亲身体验电器用具的安全操作。这种具体经历有助于提高防范意识，增强应变能力。

为进一步增强安全意识，学校还可发动学生设计安全警示标识，或者调查事故原因，从中找出校园安全的薄弱环节。通过这些丰富的探究实践，学生会深刻认识到安全工作的重要性，从自身做起，为创建平安校园贡献一份力量。

第四节 传统道德文化中德育活动课程教学资源的开发

一、植根于民族传统节日，开发德育实践活动课程资源

中华民族源远流长的传统节日文化，是中国特色社会主义核心价值观的重要体现，也提供了丰富的道德教育资源。当前，随着全球化和商业化的影响，一些节日正在失去教育内涵和文化底蕴。因此，学校德育工作更应回归传统，深挖节日文化中的道德因子，将其融入德育体系与课程。

具体来说，学校要针对清明、端午、中秋等主要民族节日，组织开展形式多样的主题实践活动。这既要保留节日的历史文化内核，又要赋予新的时代意义。活动设计上，可鼓励学生收集老一辈的节日故事，体会先人的品格精神；进行诗词朗诵、民族传统表演，领悟中华民族的精神追求；开展主题游戏互动、手工制作等，将抽象知识具体化，促进内化。这种立体化、体验

式的节日文化学习，能够培养学生的文化自信，增强国家归属感和使命担当，实现德育工作的根本目标。

二、通过优秀传统文化增强德育教育

面对多元化的社会思潮和外来文化的冲击，恪守主流价值，弘扬民族优秀传统文化，是当代德育工作的重要课题。中国传统文化博大精深，蕴含着丰富的道德智慧，可以为德育工作提供持续动力。

具体来说，学校德育可以选择融入诸如“六艺”思想、家训读物、经典诵读、传统节日等内容。这既丰富了德育的内涵，也使抽象规范更具体可感。特别是针对低年级学生的启蒙教育，应重点弘扬传统美德，培养其文化认同。

此外，学校还可以组织名著阅读、主题讨论、实践体验等活动。引导学生在互动中领悟中华民族的精神追求，提高对传统文化的认同度。这能增强学生的文化自信心，在多元价值影响下坚守正道。

总体而言，学校德育工作应顺应时代发展的需要，变传统为现代，以符合青少年的认知规律。在传承基础上加以创新，使中华传统文化的教育智慧在新时代焕发光彩，指引青少年健康成长。这需要国家扶持相关课程和教材建设，需要教育工作者发挥主观能动性，与时俱进地开展德育实践。

三、感恩教育主题系列实践活动

感恩教育是一种重要的情感教育，通过唤起人们内心的感性认识，引导其转化为自觉行为，是一种以德报德的道德教育。作为一种基本的道德准则，感恩是每个人都应该具备的美德，也是学生应当具备的起码修养,更是代代相传的传统美德。然而,仅仅通过学习和说教,很难让学生真正理解并融会贯通感恩的精神。因此,必须通过实践活动作为载体,让学生在实践中体验和萌发真情,从而促进感恩教育的实效。

(一)感恩父母教育实践活动

感恩父母教育实践活动是感恩教育的重要组成部分。通过让学生了解父母为了孩子成长所付出的辛劳,体会父母对孩子无私的爱,可以激发学生的感恩之情。此类活动可以通过访谈、查资料等形式,让学生从“我的成长”等角度了解父母的恩情。通过评比“谁是家庭好帮手”来鼓励学生为父母做力所能及的事情,通过撰写感恩父母征文来表达对父母的感激之情。同时,设计“感恩父母活动评价表”可以让家校结合,进一步发挥感恩教育的实效。

(二)感恩他人教育实践活动

感恩他人教育实践活动是在感恩父母教育活动的基础上,进一步引导学生感恩他人。通过制作感谢教师的心意卡、“老师,感谢您”活动征文等活动,让学生学会感恩老师。通过班级“诚信星最佳对子”评比活动,可以让学生感知到他人对自己的帮助和付出,并表达感激之情。通过谈、讲故事的形式,发掘身边的感人事迹,进一步感悟感恩他人的重要性。

(三)感恩祖国教育实践活动

感恩祖国教育实践活动是在学习感恩父母和感恩他人的基础上,进一步引导学生感恩祖国。通过上网查资料和访谈等形式,让学生了解祖国各方面的情况,从而激发对祖国的感恩之心和爱国情怀。通过深入了解祖国的地大物博、美丽风景、经济发展、科技进步、军事强大、文化繁荣等方面，让学生认识到祖国的优越性，从而感受祖国的温暖，进一步激发感恩之情。通过以感谢祖国为题的征文活动，可以让学生抒发爱国和感恩之情。同时，通过小组交流和成果分享的方式，让学生分享自己的调查报告，进一步让学生认识到爱国是每个公民的神圣职责，激发其感恩祖国、立志报效祖国的爱国情感。

四、中华传统文化经典思想在小学生德育教育中的应用价值

中华优秀传统文化作为中华民族发展壮大的丰厚滋养，具有独特的价值体系，是实现中华民族伟大复兴中国梦的重要精神动力。在学校德育教育中，科学地阐发中华优秀传统文化的内涵与精髓，对于促进学生道德品质的提升与全面发展具有重要意义，在引导学生深入理解中华优秀传统文化革故鼎新、与时俱进的思想时，需要着重阐发其所蕴含的时代价值。这些思想理念，如惠民利民、安民富民的思想，脚踏实地、实事求是的思想，体现了中华优秀传统文化与时俱进的精神。通过深入阐述这些思想，可以激发学生的责任感和奉献精神，引导他们在实现自身价值的同时，也为社会的和谐稳定作出贡献。

另外，在引导学生深入理解中华优秀传统文化蕴含的道德理念和行为规范时，需要着重阐发其所蕴含的中华传统美德。这些美德，如精忠报国、振兴中华的爱国情怀，天下兴亡、匹夫有责的担当意识，孝悌忠信、礼义廉耻的荣辱观念，崇德向善、见贤思齐的社会风尚，是中华优秀传统文化的重要组成部分。通过深入阐述这些美德，可以激发学生的民族自豪感和文化自信心，引导他们树立正确的价值观和人生观，培养出具有高尚

情操和优秀品德的公民。

此外，中华优秀传统文化还蕴含着宝贵的精神财富，如文以载道、以文化人的教化思想，求同存异、和而不同的处世方法，俭约自守、中和泰和的生活理念，形神兼备、情景交融的美学追求。通过深入阐述这些精神财富，可以引导学生学会欣赏美、崇尚美、创造美，树立正确的审美观和生活态度，同时也能够增强学生的文化素养和艺术修养。

需要强调的是，阐发中华优秀传统文化的内涵与精髓，并非简单地罗列其内容，而是要注重将其与现实社会联系起来，让学生能够认识到中华优秀传统文化与当下社会的联系与价值。同时，还应当强调中华优秀传统文化的阐发，需要贴近学生的思想与生活，让学生能够感受到其中的真切感受，从而能够更有效地影响和引导学生的思想与行为。

总之，中华优秀传统文化对小学生德育教育具有重要的应用价值，能够为学校营造和谐稳定的校园环境，促进学生道德品质的提升与全面发展。通过深入阐发其内涵与精髓，可以让学生更加深刻地认识中华文化的丰富性和多样性，增强对中华优秀传统文化的认同感和自豪感。

(一)明确德育教育目标

小学生德育教育中应用传统文化，要求学校将传统文化中的优秀传统和精神作为培养学生的标准，为学生培养活动提供参考与依据。由此可见，传统文化能够明确小学教育特别是德育教育的目标，将传承优秀传统文化，提升学生综合素质作为教育目标，从整体上提升德育教育的实效性。

(二)丰富德育教育内容

当前,小学德育教育存在一个问题是教育内容单一而缺乏针对性。一个解决此问题的方法是结合传统文化的应用。传统文化在小学德育中的应用,能够丰富德育教育的内容,这主要是因为传统文化作为我国长期历史的积淀,涵盖了古代劳动人民的思想观念、价值取向、道德操守等内容,借助传统文化中的崇高精神和优秀美德,能够为小学德育教育注入新鲜血液。比如传统文化中“天行健,君子以自强不息”的精神能够教育学生应当以自立自强的品格面对学习与生活。

(三)引导学生价值观念

面对多元复杂的社会思想态势,学生正处于世界观人生观形成的关键时期。传统文化作为中华民族最深层的精神追求的结晶,拥有跨时代的价值指引作用。首先,传统文化能够积极引导学生确立正确的价值判断标准,同时也能制约歪曲的思想行为。其整体性和系统性为学生健康成长提供坚实的理论指南。其次,传统文化代表了中国人精神家园的坐标,学生在亲近传统文化中可以找到认同感和归属感。最后,传统文化的润物细无声之效应长期影响着人的内心世界,这种潜移默化的熏陶作用使其成为德育的重要养分。因此,学校德育工作应当将传统文化的价值引领有机融入其中,确保当代学生能在传统文化价值指引下健康快乐成长,传统文化的教育魅力也将大放异彩。

五、传统文化在小学生德育教育中的应用对策

(一)营造教育氛围

营造传统文化教育的氛围,能够提升学生对传统文化的兴

趣和接受度。一方面,应当在校园内营造传统文化教育的环境氛围,比如可以在校园中悬挂伟人以及革命烈士的画像,激发学生热爱英雄的情感,悬挂名人名言,在无声中陶冶学生的情操;在教室的墙壁上、板报上布置和传统文化相契合的图片,让学生感受传统文化的熏陶。另一方面,在校园中营造传统文化的精神氛围,比如借助"生生共读"与"师生共读"的形式,设置阅读交流课,指导学生阅读传统文化书籍,让学生感受传统文化的魅力;还可以借助现代传媒技术,利用视频、音频、图片等形式,向学生展示皮影戏、剪纸、黄梅戏、京剧、豫剧等传统文化,使学生在听流行歌、看电视剧的同时,感受到传统文化中国粹的魅力,发挥传统文化在德育教育中的效果。

(二)完善课程设计

在德育教育课程中,可以结合古诗词的诗句与意境,鼓励学生进行绘画、舞蹈以及音乐方面的创作,不仅能够发展学生的创造力,还能够丰富学生关于传统文化的知识,比如以《论语》《唐诗三百首》等诵读为载体,挖掘古诗词中传统道德教育的价值,提升传统文化的教育化。教师可以利用教室、操场、校外植物园等地方进行教学活动,让学生分组讨论,然后再分享和交流各自的观点。这种方式可以使学生更加深刻地理解道德标准,将其内化为自己的价值观。除此之外,在课外活动中也应当注重挖掘传统文化对学生德育的价值。比如在学校食堂中,针对学生不爱惜食物的问题,可以借助中华文化中勤俭节约的美好品德,通过诵读《悯农》等诗歌,讲解"由俭入奢易,由奢入俭难"等名言警句,引导学生写关于节约的好处、浪费的坏处等小作文加深学生对传统文化的认识,通过不断渗透优秀传统文化,促进小学德育教育活动的开展。

(三)丰富教育内容

在德育教育课程设计中,可以考虑将中华优秀传统文化的精神融入教材中,以丰富课程内容。我国传统文化内蕴含了许多积极向上的思想,比如勤劳奋斗、团结互助等精神,它们如果融入课堂,有利于培养学生正面价值观和良好品格。这就要求在教科书中应当融入传统文化,借助循序渐进的学习,增加学生对传统文化的理性认识,在此基础上在实践过程中弘扬优秀文化。在教材中,向学生展示家国情怀、人格修养等相关的文化,在提升学生道德修养的同时,培养学生的爱国主义情操。另一方面,还应当发挥本土化传统文化资源在德育教育中的价值。这就要求学校组织学生调查当地特有的节庆习俗、传统习俗、传统文化以及民俗艺术,考察古典书籍、名胜古迹、民俗艺人与传统工艺,同时组织学生宣传本土传统文化,可以在校园网、微信平台等新媒体中制作和当地传统文化相关的网页,组织学生开展"探寻和弘扬家乡传统文化"的竞赛,以形象化、可感化的本土文化,激发学生认识和弘扬优秀传统文化的热情,提升德育教育的质量。

(四)创新教育形式

传统文化在德育教育中的应用,应借助多样化、创新化的教育形式,使学生在潜移默化中感受传统文化的魅力。其一,在传统文化的作品中开展德育教育,在实践过程中可以通过故事、散文等文学作品能够使学生更加直观的品味传统文化的魅力,比如通过阅读《西游记》中,体会到孙悟空坚持不懈、勇敢无畏、积极乐观的人物形象;在《满江红》中品味岳飞精忠报国、廉洁奉公、赏罚分明、文采横溢的形象，通过引导学生剖析作品中的人物性格形象，引导学生感受传统文化中的真善美。其二，在传统节日中开展德育教育。《新课标》中指出，应通过个性化阅读来调动学生主动学习的思维和情感参与，从而开展更好的德育教学。具体来说，可以根据不同学生的特征和倾向选择阅读材料，引导他们将阅读与自己联系起来，共同探讨，这样不仅可以激发学生学习的热情，也有利于培养和提升他们的想象力、思考能力以及临实能力。在实践中可以结合学生的年龄特征，选择个性化的阅读材料，比如低年级学生阅读寓言故事、简单的诗词，高年级学生阅读名著作品，使学生在自主探究中有所感想。

第三章 小学德育活动课程的设计

第一节 小学德育活动课程设计的基本思想

一、德育活动课程指导思想

坚持“以学生为本”的办学思想，继续以《小学生德育纲要》为基础，以《公民道德建设实施纲要》为指针，以爱国主义教育为主线，以文明行为的养成为重点，全面深化素质教育，全面提高学生整体素质、全面关心每一个学生健康成长，深入学习德育课程标准，积极引导学生开展校园文化及社会实践活动，培养学生的责任感、文明意识、耐挫能力和创新精神，塑造学生新少年的新形象。

在理想信念方面，倡导“富强、民主、文明、和谐，自由、平等、公正、法治，爱国、敬业、诚信、友善”的社会主义核心价值观教育；马克思主义哲学教育；立足岗位、奉献社会的职业理想教育。在精神教育方面，坚持以爱国主义为核心的民族精神教育；坚持以改革创新为核心的时代精神教育；坚持融合中华优秀传统文化的精神教育；坚持符合中共党史与国情的精神教育。在道德品行教育方面，进行社会公德、职业道德、家庭美德、个人品德教育；遵从学生日常行为规范、文明礼仪教育与训练；进行生命安全、艾滋病预防、毒品预防、环境保护等专题教育。在法治知识教育方面，开展宪法法律基础知识教育；开展职业纪律和岗位规范教育；开展校纪校规教育。在职业生涯教育方面，对教师进行职业精神教育、就业创业准备教育、终身学习和职业生涯可持续发展教育。在心理健康教育方面，设计心理健康基本知识和方法教育；青春期心理健康教育；职业心理素质教育；心理咨询、辅导和援助。除以上各系列教育内容外，学校还要根据国家形势发展需要进行时事政策教育。总的来看，德育活动课程的基本指导思想包含以下内容。①

（一）德育活动课程理念与办学理念相吻合

课程是一所学校的立足之本，只有依托课程，才能真正让办学理念"落地生根"，彰显学校特色，形成学校文化。德育校本课程的开发，需要办学理念的引领。比如确立"福泽教育"的办学主张，着眼于"为学生幸福人生奠基"的办学理念，紧扣办学思想和办学理念，不断探索基础教育阶段小学生品行教育的有效情境体验活动，自主开发设计了年级特色活动课程，使学生在基础教育阶段的六年中，每一学年至少经历一项刻骨铭心的活动课程，引导学生感受幸福、体验幸福、创造幸福、分享幸福、传递幸福和奉献幸福。

（二）德育课程目标与培养目标相融合

学校教育的核心是课程，课程的出发点与归宿是为了学生的发展，学校制定的培养目标也是为了学生的成长，因此，德育

①闫闯．德育学科核心素养及课程转化路径——基于课程价值视角[J]．教师教育论坛，2017，30，(10)：19-26.

课程目标须与学校的培养目标一致,只有两者的一致,课程才有了方向,目标才有了实现的可能。当课程具备了这样的文化特性,当每项管理从课程的角度入手,学校文化的灵魂也就有了一个实实在在的载体。

(三)德育活动课程特色与学校特色相结合

以课程为支撑,研究与开发校本化的特色课程,是学校形成特色文化的有效方式。比如倡导在积极心理学视野下开展小学生"快乐学习,幸福成长"情境体验式教育,通过年级特色活动课程成功地将德育校本课程与学校特色相结合,不但强调个体的积极参与和内心体验,而且注重集体活动中的互相感染、互相教育,课程贯穿于小学教育的整个学段。

二、如何进行课程设计

对于这样一门重要的课程,将如何进行课程设计,以求得最好的教学效果呢? 这是许多教师共同提出的问题。根据新课标中提出的该课程设计的主线——儿童的社会生活,我们不难理解:新的课程理念下学生学习的背景应该是生活化的。学生不会永远在校园,最终要走向社会、走向生活。生活世界才是第一位的。所以,在德育教学中,紧紧抓住"儿童的社会生活"这一主线,将是成为一名出色的课程设计者的重要因素。

(一)利用生活事件,生成教育主题

生活是道德的沃土,现实生活中蕴涵着丰富的德育因素。在品德课的教学中,充分利用学生生活中的事件来生成教育的主题。比如,在学习《交通安全每一天》这一课设计了三课时来完成。第一课时主要是让学生了解交通常识。教学中安排几位学生戴上头饰，学生分别举红、黄、绿牌代表行人过街道，一位学生扮演交通警察。通过体验，使学生对指挥灯、人行道灯等交通信号之间的关系有更进一步的了解，实现了在课堂上体验生活，遵守交通规则的目标。根据学生已经具备的观察能力，从学生各自的生活出发，让他们画出见过的交通标志，通过交流，使教学更深入一步。第二课时，先让学生交流违反交通法规的真实事例。耳闻目睹的真实事例和震撼人心的数据使学生的心灵受到强烈震撼，受到了自我教育、自我反省的效果。然后，再补充课外搜集到的一些文字资料和音像资料，让学生更深刻地认识到交通安全的重要性，并及时唤起学生说出感想，让学生结合实际说出应该怎样注意交通安全，给学生创造了一个参与和交流的空间。通过师生互动，架起一座从课本通向现实生活的桥梁。

（二）参与社会生活，获得心灵体验

“品德与社会课程标准”指出：“教师要善于从儿童的生活中敏感地捕捉有教育价值的课题，开展儿童喜欢的活动，使他们在主动积极的参与过程中，生活得到充实，情感得到熏陶，品德得到发展，价值判断得到初步的培养”。因此，品德与社会课必须真正让学生动起来，接受活的教育，闪烁活的思维，在动中深入感受体验，在动中获得真知。所以，在实际课堂教学中要充分发挥学生的潜能和个性。科学运用“动”策略，努力让课堂焕发生命的活力。

例如，教学《垃圾带来的烦恼》一课时，在课前让每位学生带着下列问题进行采访、调查：生活中的垃圾有哪些？垃圾从哪里来的？垃圾带来哪些烦恼？如何处理垃圾可以美化环境。

课上通过交流、观看课件、录像，唤起孩子们对生活的回忆，结合生活实际，了解垃圾的种类和来源，通过学生讨论、上网、调查等方式了解垃圾给我们的生活带来的危害，认识到减少垃圾，保护环境的重要性，并联系实际情况提出“如果从学校前面的集镇上，人们都把垃圾倒在前面的小河里，造成白色垃圾一条河，水质受到污染，小鱼儿大面积死亡，这种情况该怎样处理呢？”学生讨论，教师指导。然后提出整改建议：环保部门建垃圾坑，并加强环保宣传。设立环保宣传牌，提高人们的环保意识。教师出示课件“知心姐姐分类处理垃圾的知识”。让学生了解将垃圾科学地处理的益处，并让学生通过自主、合作、创新学习，互相启发，想一想，说一说，画一画，做一做，设计出更好的垃圾处理方式，从而使学生的思维得到锻炼，语言交际能力得到发展，并且培养了学生的主动性和创造性。在此基础上教师带动学生们一起总结出我们如何做，才能使我们的家园和生存环境整洁、干净、美丽这个问题。这时就可以调动起学生们的积极性，使他们纷纷献计献策，并利用实际行动进行环保宣传。课后，同学们也可以在小河边竖起环保宣传牌，在校园里同学们也可以将垃圾进行分类投放，为保护我们的生活环境做出应有的贡献。

（三）挖掘补充资源，营造健康氛围

新课程下的新教材面向全社会，它推崇的是一种教育理念的更新，一种教学方法的创新，所以教材所呈现的内容并不一定就是我们教学活动的素材。为适应新教材的变化，教师也必须通过自身对教学目标的解读，对教材的深入了解，结合本地区和学生的实际，合理地、有效地利用新教材，改编新教材，甚至是开发新教材。这种新的教材也让师生共享知识、共享智慧,共享生活的意义和价值。

比如,针对学生上网和进游戏机房问题。一方面,教师组织学生开展电脑绘画、制作个人网页、上网搜集语文学习资源等多样的竞赛活动,引导学生利用电脑帮助自己的学习;另一方面,引导学生开展"对话"活动。让学生懂得迷恋电脑游戏,会导致学习成绩下降,影响自身身心和谐发展。在教育实践中,教师应十分注重让学生在健康的生活环境中,享受生活德育,让学生幼小的心灵受到熏陶。

再如,虽然现在生活条件大幅度地改善。但是,学生大多是外来务工人员的子女,他们的父母为了给他们提供一个比较好的生活条件,每天在异地不停地奔波。但是有些孩子没有意识到这一点,平时花钱不注意节俭。为了让孩子们能够了解生活的艰辛和父母挣钱的辛苦,教师建议大家利用周末的时间进行"过一天劳动生活"的主题活动,让学生陪伴父母进行一天劳动,感受劳动的辛苦。由于孩子们的父母大多在工地干活或做小生意,起早贪黑、日晒雨淋。一天下来,学生脸晒得通红。由于觉不够睡,浑身乏力,孩子们能亲身体验到"汗滴禾下土"的滋味,远比教师的说教好得多。学生参加社会生活实践,广泛接触社会,不但培养了独立生活的能力,而且能促进学生情感、态度、品德、价值观的转变,不断追求自我发展、自我完善。

让品德培养回归学生生活,体现了德育学科课程生活化的特点。在不断地探索和实践中,教师的品德课程和课堂教学将充满生机与活力;师生互动时,采用儿童乐于和适于接受的生动活泼的方式,让他们自己观察、感受、研究社会,新的教材对于他们才会越来越具有吸引力、亲和力和感染力。儿童不再只是获得理性认知，更重要的是在情感、态度上受到熏陶、感染、潜移默化，从而使他们富于人性美的道德心灵一步步成长起来。

三、小学活动课程设计的原则

在义务教育德育中，为培植学生的学科核心素养，课程设计应当基于学科核心素养的内涵、特征和架构，坚持以下原则：儿童主体性、内容生活性、阶段衔接性和学科群体性。

（一）儿童主题性

德育活动课程转化学科核心素养，要以儿童为中心进行规划，遵从儿童主体性。德育课程设计应掌握学生身心发展特点，适切考察儿童的各种需求、背景、兴趣与学习形态，但不同学段之间儿童主体性的实践方式要各有偏重。在小学低年级课程设计中，教师是儿童学习的支持者和指导者，而小学高年级则要引导儿童自主学习和独立思考，德育活动课程须增强儿童的素养学习能力。

（二）内容生活性

作为遵循儿童生活逻辑的德育课程，其课程设计要有效联结儿童日常生活经验，恪守内容生活性。课程设计中的主题活动、游戏活动和其他实践活动要以儿童的生活经验为内容源泉，让其在对生活的认识、体验和实践过程中养成德育学科核心素养。

（三）阶段衔接性

德育课程转化学科核心素养，不是一朝一夕就能完成的，需经过长期系统化的教育，才能达成目标。鉴于学科核心素养的水平特征，义务教育学校德育课程设计应注重与学前教育阶段的接续，并考虑未来高中教育接轨之所需，依循阶段衔接性原则。在德育学科六个核心素养中，根据道德场域范围的变化，儿童的道德认知和情感反应要逐渐发展，并注重突显低年级儿童的关系理解和生活体悟，着重强调高年级儿童的媒介识读和公共参与。

（四）学科群体性

学科核心素养的类型特征决定了德育课程转化学科核心素养，可强化与语文、数学、品德等学科的联通关系，发挥群体效应，恪守学科群体性原则。

因此，德育课程设计应考虑学科间相互协作，优化学科结构，提供转化德育学科核心素养、培育学生学科核心素养的可持续性动力。

综合德育活动课程的校本开发本着“以生为本、以校为本、以生活为本”的基本原则，把“体谅、协作、和谐、创新、关爱、自强、责任心”确定为活动课程的指导性目标，由此来对活动性德育课程进行系统组织和整体设计。研究目标如下：①探讨综合德育活动课程与德育实效性之间的关系，开发具有本校特色的活动性德育课程，并针对不同类型的活动课程特点，通过不同的活动内容和形式的探讨，进一步提高学校德育的主动性、针对性、实效性。②探索综合德育活动特有的功能、特点、原则和方法，以指导综合德育活动课程的科学化、序列化、综合化的研究。③探索综合德育活动课程的评价制度和方法，以发展性的评价方式指导学生的行为实践。

四、小学活动课程的方案设计

《礼记·中庸》中说："凡事预则立，不预则废。"它强调了做每一件事之前要先制定一个切实可行的计划的重要性。在活动方案设计课的教学过程中，教师要引导学生主动参与，积极去策划，逐步培养学生自主制定计划和规划活动的能力。

（一）小学活动课程的方案设计的重要性

主题活动方案，是整个活动实施的"蓝图"，它不仅为学生提供比较详尽的活动步骤，有力地确保整个活动过程的有序性，而且，为活动过程和结果的评价提供参考的框架。所以制订主题活动方案是保证计划的实施的前提。

主题活动方案是学生开展活动前的必要准备，一般包括：活动主题设计、活动课程内容设计、活动课程形式设计。另外，教师要掌握好课型模式，才能在课堂教学中才能有效地指导学生制定活动方案，在活动方案设计中要注意以下两点：①学生自主策划制定活动方案

让学生认识到制订活动方案的重要性和必要性。确定主题活动后，就要让学生思考为什么确立这个主题，要达成什么目标、预期的成果等，要实现这个主题活动目标，就需要对整项活动制订一个完整的规划——设计方案。为了帮助学生将活动计划做得较规范，教师可对学生进行一定的方法指导，如用提供一份成功的活动方案案例作参考的做法，让学生了解活动方案的基本要素和要求。指导教师根据主题生成课中同学最感兴趣的研究课题进行归纳和适当的引导进行分组，学生通过小组讨论，共同策划初步的小组活动方案。②班级交流修订活动方案。全体师生对活动计划进行交流、讨论，论证方案的可

行性，指出方案的亮点和不足之处，提出修改意见和建议。这环节通过小组汇报、师生讨论、完善方案几个步骤进行。

（二）活动课程方案设计中的要注意的问题

1.准确制定目标

方案的制订是围绕活动的目标而进行，在实践过程中，学生在拟订活动目标时，往往会出现目标过于单一、过小或目标过多或过大的现象。让学生拟定活动目标报告，并以开题答辩的简化形式，把那些过于单一、过小、过多或过大的活动目标通过答辩过程过滤掉。并在教师的指导下，重新制订活动目标。

2.分工要具体合理

为了小组合作活动能够有效实施，让学生进行了具体合理的分工，让每个学生在活动中都能发挥自己的优势，承担力所能及的任务，在活动中得到应有锻炼。在小组活动方案制订时，要根据个人的特长进行分工，要对小组长进行必要的培训。培养小组长的集体观念、观察能力和组织能力，让小组长能根据个人的特长进行规划分工，把活动任务具体落实到每个组员上。让小组长真正理解什么是具体、合理的分工，理解怎样让组员技术才能发挥到极致。

3.合适的展示形式

要根据汇报的主题、具体的内容，或学生的特长来进行活动成果汇报。

活动成果汇报展示是在活动方案设计课中的一个重要环节，大家都希望看到成果汇报有丰富展示形式和有精彩内涵的成果，让展示交流活动有声有色，让同学们喜闻乐见，促进综合实践活动良性循环和健康发展。

4. 正确预计活动中的困难

在活动方案设计中，需要学生准确评估活动过程可能出现的各种困难。理想的做法是教师设计出困难评估与解决预案的导航模板，因为在活动过程有许多不确定因素，探究活动随时都有特殊情况出现。导航模板应该列出如下内容：活动中会有哪些困难出现，这些困难可以采用什么方法来解决，导航模板中，每个困难都是具体的，并提供了一般的解决方案。这些模板对培养学生的规划能力、问题预见能力和解决问题能力是十分重要的。

5. 活动过程的正确预设

理想的活动过程，是学生对活动的每一步都能够进行客观判断和正确预见。要使小学生能够客观判断和正确预见活动过程，是需要教师对学生进行实例讲解的。在制定活动方案时，教师要因地制宜地用实例讲解一个完整活动各个阶段的主要内容，列出活动进程表，进程中的每一步做法及理由，让学生真正理解进程表中每一步的意义。同时要突出活动的客观性与预见性和理想化的区别，客观性是现实存在的，预见性是经验或推理结果。理想化不同于客观性和预见性，因为理想化通常是美好的想象，不是实证或推理的结果。让学生对设计的活动出现的各种情况，能够作出客观分析和过程预见，减少活动过程中出现的偏差，达到更好完成活动任务的目的。

6. 指导学生的适度性

探究性学习实践活动是以学生为活动主体的。学生要作为实践活动的探究者，必然是活动过程中的主角，是活动问题的提出者，是活动方案的设计者，是探究活动的实践者，是解决问题的责任者，而教师则是活动过程的配角，是活动问题的分辨者，是探究活动的指导者，是解决问题的评价者。教师要让学生成为活动过程中的主角，要培养学生的自主能力、规划能力和解决实际问题的能力。教师作为综合实践活动设计课的指导者，需要牢记自己的角色、任务和使命，做一个指导学生活动过程适度的优秀导航者。

方案设计课是综合实践活动课的重要环节，是研究活动有序开展的重要条件。针对综合实践活动课的活动设计过程中常见的典型问题，进行相应的策略研究与思考是很重要的。综合实践活动方案设计课是综合实践活动学科的“基石”，在实施过程，学生是主体角色，学生以小组学习形式主动参与其中，在小组合作中，乐于探究、明确活动目标及过程，这样我们的活动才能成功。

第二节　小学德育活动课程的主题设计

德育主题活动课是根据现代教育理念及学生道德学习特点对传统主题班会加以改进的基础上提出的。它是指班主任依据社会需要和本班学生实际的成长需要，遵循学生身心发展规律和思想品德形成规律，有主题、有目的、有计划地组织学生开展道德学习活动的一种课程形式。它以教学过程为基本过程，紧紧围绕一个教育主题，根据不同的教学内容，采用“讨论、辩论”“情境体验”“活动游戏”“课后行为延伸”“深层探索”等多种教学模式使学生进行自我教育的一种课型。它不以传授系统的道德知识为主要任务，而是强调通过各种活动，让学生在活动中感悟，丰富或调整原有的认知结构，探求在具体情景下的最佳行为方式。它是主题班团队会的拓展，是中学思想政治课和小学思想品德课的有益补充，是把学生德育活动纳入课堂教学的一种全新模式。它主要还强调"体验""整合""开放""自主"，同时要求环节齐全、结构紧密、条理清晰。

德育主题活动课的主要特征有：自主性、生活性、体验性、开放性、生成性等。德育活动课完全以学生为中心、以情境为中心、以活动为中心，它最大的特点是不以系统的德育知识的灌输为基础，避免空洞的说教形式，而以学生的实践活动为基础，以学生的直接体验为形式。以实践为主体的德育活动课能激发学生自主参加的欲望，使学生主动愉快地投入，对活动中的道德要求产生一种认可，之后渐渐转化成为一种学生品德形成和发展的动力。德育活动课的基本模式是：首先是以创设情景为导入，引发感悟；其次是以分享交流为手段，提高认知；最后以导行为目的，促进人格健全发展。①

德育活动课程的最终目的是要促成学生道德行为的养成，而道德行为的养成是建立在道德认知、道德情感体验以及道德信念与意志培养的基础之上。而德育工作本身就是教育事业改革的一部分，所以在德育活动课程中不要不敢做，要敢于创新，不要流于一种形式。有些主题的德育活动不一定只拘泥于一节课，更不要只局限在教室，它完全可以向课外延伸。只有让学生在实践中全身心地参与，随之获得的情感体验和道德信念才更容易被学生吸收接纳，让德育活动得到最终的成效。

①曹丽琼．关于开展小学德育主题活动的实践探讨[J]．教学考试，2017，(28)：87.

德育活动的选题有很多种方法，一是可以从创设具体情景中获得，通过模拟学生在学校没经历过的一些情况，让学生更多地接触社会、接触大众，在认知上得到提高。二是可以从丰富的实践中获得。通过参加一些实践活动，让学生自己动手去做去想，用切身的行动来影响自己，对学生今后良好价值观的培养起到重要的作用。

在处理德育活动课的问题上，主要有以下方面：首先要多花些心思，结合自身实际，多与学生在思想上进行交流，总结出学生实际生活中最突出的问题，选择属于自己的活动主题方向，而在活动主题的安排上更要结合适合学生年龄特点的设计。对小学生而言，尽量减缓知识坡度，增加兴趣浓度，以便被小学生充分接受。其次，将问题看简单化。德育活动课本身就是一个循序渐进的过程，要慢慢培养学生的道德信念，而不是认为活动课开展了就会取得立竿见影的效果，立刻就能转化成道德行为。这是需要通过长时间的引导，让学生逐渐在心里形成一个正确的认知，从而达到最终的成效。

一、小学德育活动课程主题设计的依据

教学设计中首当其冲的一个问题就是教什么、学什么，即教学内容的问题。德育活动课程一般以主题为线索组织教学内容，展开探究和实践活动。那么，依据什么来确定德育活动课程的主题呢？主要包括如下方面。

（一）学生的愿望与兴趣

学生的愿望、兴趣是确定综合实践活动主题的最基本的依据和关键因素之一。主题只有符合学生的愿望与兴趣，学生才会有不断探究、参与的内在动力。

(二)学生的年龄特点和认知能力

小学生正处于生理、心理迅速成长的时期。其思维特点是以具体形象思维为主,同时抽象逻辑思维有了一定的发展。这种思维特点要求他们学习的内容以具体形象的事物为主。因此,小学综合实践活动应选择较为生动具体的主题以及相应的材料便于学生感知、理解和操作,让他们获得丰富的感性材料和直接经验。

(三)学生知识经验

确定综合实践活动主题时一定要考虑学生是否具有相应的知识经验,同时如果学生缺乏相应的知识经验,要考虑补充的办法。例如,经济不发达地区的小学生很少接触电脑,也难以见到各式各样的汽车,自然缺乏关于电脑和汽车的知识经验。如果让他们学习《我和电脑交朋友》《对汽车的研究》之类的主题,那么这类主题的学习就会由于缺乏知识经验的支撑而显得困难重重。

(四)课程资源情况

狭义的课程资源是仅指形成课程的直接因素来源,广义的课程资源是指形成课程的因素来源于必要而直接的实施条件。按照课程资源空间分布的不同,可以把课程资源分为校内课程资源和校外课程资源。校内课程资源主要包括设施、环境、人员情况、校园文化等。校外课程资源可以大致分为家庭课程资源、社区课程资源、地区课程资源、国内课程资源和国际课程资源。

二、如何确定德育活动课程的主题

德育活动课和主题班会一样必须有一个鲜明的主题，主题是活动课的灵魂，是活动课的中心，主题的确立与设计对整个活动课来说具有方向性的指导作用，一个活动课的主题主要是集中解决一个问题，宣传一个观点，歌颂一种精神，也就是说所有的内容和形式都是为突出主题而服务。活动课的主题的确定来源于社会需要和青少年成长的需要，主要考虑三个方面：一是根据社会对人才素质的要求确定的教育内容，如爱国主义教育、理想信念教育等；二是根据学生身心发展和成长中遇到的共性问题，如学习问题、交往问题等；三是根据当前本班学生最需要解决的普遍问题来确定主题。

科学准确的选题是德育活动课成功的前提。德育活动课的内容要根据学生的年龄特点和本班的具体情况确定。小学德育活动主题要侧重于学生的自我意识、学习方面、人际交往方面，中学德育活动主题侧重于情绪压力管理、青春期教育、生涯规划等。因此，老师在确定主题时就要考虑学生（学习、交往、情绪等方面）需要什么，有什么困惑，其共性的问题是什么，有什么个性的问题表现。这样的设计才有针对性，学生在课堂上才有话可说。内容确定之后要用通俗、准确的语言提炼主题。在确定主题要注意三点。

（一）选题不要单一

大多数人选题集中在情绪和人际交往方面为主题的居多，而涉及学习方面、自我意识、情绪压力、生存规划、青春期问题等主题的较少。因此教师更应当选择一些符合青少年心理发展特点的主题，如小学生可以选择“长大的感觉”“多变的情绪”“消除误会心舒畅”，还有学习方面的“学习兴趣”“专心与分心”等，这些主题内容具体形象，也贴合学生的生活实际情况，是学生们都很熟悉的内容，因此讨论起来也比较容易，课堂气氛也会比较活跃，便于操作。

（二）主题范围不宜过大

许多老师在确定主题时，没有认真考虑主题的范围和课堂的容量，如人际交往、让世界充满爱、欢乐人生、认识自我、悦纳自我等。这些主题范围就过大，主题过大，难以在一节课的时间内完成任务。在选取的主题较大的情况下，如果试图面面俱到，则往往是蜻蜓点水。过大的主题师生都无法驾驭，达不到理想的效果，主题的深化就无从落实。所以在进行“人际交往”方面的大主题时，可以提炼成“同学之间”“师生之间”“与父母沟通”等这样的小而具体的主题。只有这样的小主题，师生在活动中才便于操作，并在活动中达到真正的体验和感悟。因此，在进行主题设计时，主题要小，以小见大，主题要尽量从小处着眼，在一个侧面或一个点上深化。

（三）主题的内容不能引起歧义

在进行主题设计时，要注意主题的内容不能引起歧义。比如有位老师选择了《信自己，收获大》这样一个主题，在本课临结束时进行总结提问学生：“同学们，这节课大家有什么收获呀！”有位学生回答说：“这节课告诉我们，要相信自己，不要相信别人。”因此，教师在确定主题时，要考虑主题是否会引起学生的误解。如果活动主题含有误导学生的成分，教育效果就会大打折扣。

教师要精心设计、组织开展主题明确、内容丰富、形式多样、吸引力强的教育活动，以鲜明正确的价值导向引导学生，以积极向上的力量激励学生，促进学生形成良好的思想品德和行为习惯。综合实践活动以活动为主要开展形式，强调学生的亲身经历，要求学生积极参与到各项活动中去，在“调查”“考察”“实验”“探究”“设计”“操作”“制作”“服务”等一系列活动中发现和解决问题，体验和感受生活，发展实践能力和创新能力。综合实践活动也是一门基于生活的课程，学生的家庭生活、校园生活和社会生活都是学生活动的课堂，因此，教师在基于学校设置的课程开展主题活动时，除了要关注学生与自然、学生与社会、学生与自我或他人的关系外，还要力求主题活动贴近学生的生活，服务于学生的生活，并在主题设计、活动安排方面充分考虑贯彻落实学校德育教育的基本思想和原则。

第三节　小学德育活动课程内容及形式设计

一、小学德育活动课程内容的重点

（一）抓好队伍建设，强化德育意识

要抓好队伍建设，强化德育意识，就要适应社会新形势，进一步加强学校德队的队伍建设，做到全员育人。要做到这些，就要从以下几个方面着手。

1.完善管理网络

德育管理是一个整体系统，继续建立完善校内“一点三线”的德育管理网络格局，实行校长总负责，分管校长具体负责，法

制副校长密切配合，学校教导处操作执行，党团组织、少先队通力协作的德育管理机制。根据德育工作目标、内容、实施途径，建立、健全岗位责任制，形成齐抓共管的合力。

2.优化骨干队伍

优化骨干队伍就要抓好班主任队、少先队辅导员队伍建设，构建班主任、少先队员辅导队伍科学管理的机制，抓住“选配、培训、激励”这三个环节，继续组织定期学习、现场观摩和考察研讨、班主任三项基本功竞赛。建立稳定、提高班主任队伍的激励措施，在建立班主任、辅导员岗位职责规范、严格考核的同时，建立文明班级、优秀班主任评比制度。加大奖励力度，进一步提高班主任、辅导员工作的积极性，并在职称评定、职务晋升等方面向优秀班主任倾斜。

3.建立育人体系

教师是学校德育工作的主体力量，培养高素质的人才必须有高素质的教师。教师的师德状况如何，直接影响学校的校风、教风、学风建设和教育质量的提高。因此，教育者必先受教育。学校要利用政治学习时间进行法规、德育文件和《公民道德建设实施纲要》的专题学习和讨论，开展“爱岗敬业”“正师风、扬师德、廉洁从教、为人师表”等主题的教育系列活动，要使全体教师主动适应德育教育的新形势，真正成为德育管理者，实现德育“全员管理、全面管理、全程管理”，形成教书育人、管理育人、服务育人的良好氛围。深入研究，拓宽思路，加强德育的思想建设，要重点引导教师关注学校、关注班级、关注同事、关注学生在以下几个层面上形成共识：①集体和睦相处。每个人都是集体的一员，人人都受欢迎。②人人有权参与。每个人都是学习、生活的主人,人人都应参与。③共同互助合作。个人问题也是大家的问题,只有互相帮助共同合作才能解决问题。④满足不同需求。教育不是要筛选人、放弃人,而是培养人。[①]

(二)加强基础教育,培养文明学生

1.深化爱国主义教育

深化爱国主义教育要做到以下方面:一是要继续规范每周一的升旗仪式、国旗下讲话内容以"五爱"为主线,做到学期有计划,周周有主题。二是要充分发挥红领巾广播台、黑板报、宣传橱窗等阵地的宣传作用,对学生进行"五爱"教育。三是要充分利用德育基地以及丰富的人文资源进行爱国主义、集体主义教育,引导学生树立正确的人生观、世界观、价值观。四是要充分发挥少先队组织作用,以重大节日、重要人物和重要纪念日为契机,通过丰富多彩的少先队活动,提高德育实效。

2.继续常抓养成教育

抓好学生的日常行为规范管理是加强校风建设的重要抓手,养成教育也是小学德育的重要内容。养成教育主要有两方面:一是要继续推行行政、教师值日、红领巾值日岗制度,深入实施体验教育,充分发挥学生的主体作用。二是要继续开展创"文明班级"活动,设立"文明班级"流动红旗,对各班的卫生、文明礼仪、纪律、两操、路队等情况进行量化考核,每天公布分值,每周汇总,进行考核,优胜班级获流动红旗。同时,对这些养成教育的措施要加强指导、考核,确保常规工作持之以恒、抓

①伍平.浅谈综合实践活动方案设计课的实施策略[J].都市家教(上半月),2017,(7):167.

细抓实,使学校形成班班争先、比学赶超的良好氛围。从站好队、做好操、扫好地、讲卫生、有礼貌、遵守公共秩序、公共道德、"十分好习惯"等基础行为入手,养成以下好习惯:热爱祖国,升国旗奏国歌时自觉肃立;文明礼貌,微笑待人;学会尊重,耐心听他人说话;保护隐私,别人的东西不乱动;利人利己,用过的东西放回原处;诚实守信,说了就要努力做;待人友善,观看比赛文明喝彩;遵守规则,上下楼梯靠右行;勤奋自强,天天锻炼身体;环保卫生,干干净净迎接每一天,以此来培养学生良好的行为习惯、学习习惯和生活习惯,提高学生的"五自"能力,确保学生行为规范合格率为100%,品德优良率为99%以上。

3.强化"五自"教育

"五自"(自主、自理、自护、自强、自律)是雏鹰行动的核心内容,已成为在青少年阶段所必须具备的素质。要充分利用学生好胜心强的特点,调动他们积极向上的主观能动性,培养竞争意识,要积极并有针对性地讲解、示范、实践操作,使"五自"活动更具操作性,让学生在活动中体验成功。

4.渗透公民教育

以育人为根本,贯彻《公民道德建设实施纲要》,把弘扬、培育民族精神和加强思想道德建设摆在重要位置,以为人民服务为核心、集体主义为原则、诚实守信为重点,牢记公民道德基本道德20字(爱国守法,勤俭自强,明理诚信,团结友善,敬业奉献)。

5.加强法制教育

继续采用"走出去、请进来"等形式,通过法制专题讲座、知识竞赛、师生演讲、参观展览等途径对学生进行《未成年人保护法》《预防未成年人犯罪法》为重点的法制教育系列活动，增强学生遵纪守法的自觉性和自我保护意识，建立后进生帮教制，消灭在校生违法犯罪行为的出现。

6. 开展心理教育

心理健康教育是学校教育工作的一项重要内容，要通过观察、谈话、问卷调查等形式了解学生的心理现状，在认真上好健康教育课的同时，要加强针对性的心理健康指导，及时矫正某些学生的畸形心理，增强他们的抗挫能力和适应社会的能力。

（三）加强校园文化建设，营造浓厚的校园文化氛围，优化育人环境

1. 校园班级环境美化

进一步加强校园走廊文化、墙上文化、班级文化，校园环境要做到美化、教育化，继续进行每期期末班级文化建设的教室文化评比活动。让学生全员参与，主题要突出教育意义和人文关怀，培养学生的集体主义精神和动手力。

2. 升旗仪式序列化

坚持每周一的升旗仪式，国旗下讲话要求内容丰富，在保留传统的爱国、励志等内容的基础上力求同社会生活、时事政治紧密联系，贴近学生的思想实际，形成序列。

3. 板报设计个性化

继续精心设计校、班两级黑板报，体现平安校园、消防教育、文明礼仪等方面的特色的校园文化及各班的个性。

（四）调动各界参与，发挥整合优势，实现“三结合”

1. 提高家教水平

要提高家教水平，就要继续按要求办好家长学校。做到目标明确、规范严格、内容具有针对性、实用性强，并且认真做好资料搜集和积累工作，进行走访学生家庭活动。家访要不拘形式，不固定时间，本着关心学生，沟通理念的目的，提高家访质量。教师家访要达到全班学生的30%，通过其他形式与家长交流要达到40%，并做到有对象、有目标、有效果、有反馈、有记录。让家访真正成为建立起教师、学生、家庭互动的三者关系，成为进一步摸索出心理教育的突破口，成为德育工作的有效抓手。平时要做到每学期同每位学生家长均有一定程度的书面和短信息联系，特别重视做好与后进生家长的经常性联系，加强对教师家访工作的组织管理，并把家访工作纳入对班主任工作的考核之中。

2. 加强对周边环境的综合治理，努力营造良好的社会育人环境

要充分发挥关心下一代工作委员会五大员（报告员、家教员、帮教员、宣传员、校外辅导员）、学校家长委员会的作用，开展综合实践活动和校区共建活动。大力开展学雷锋互助、环保等活动，形成齐抓共管、共同培育一代新人的局面，使在校生违法犯罪率继续为零。

（五）重视学科渗透，加强德育科研

1. 挖掘渗透内容

德育要寓各学科教学之中，贯穿于教育教学的各个环节。语文、社会等学科要充分发挥人文学科的优势，结合教学内容

对学生进行爱国主义、集体主义和社会主义思想教育、中国近现代史和基本国情教育;要通过中国和世界科技发明与发展的典型事例,对学生进行辩证唯物主义世界观、科学精神、科学方法、科学态度教育,爱国主义和思想品德教育。通过音、体、美等学科渗透德育时,也要结合学科特点,陶冶学生情操,提高学生心理素质,激发其爱国主义情感,磨炼其意志品质,培养团结协作和坚韧不拔的精神。

2.优化学科教学

课堂是实施德育教育的主阵地,在各学科教学中渗透德育教育是一种全员性策略。教师要在教学目标、教学内容和教学方法诸方面渗透德育教育来优化课堂教学的全过程,各学科要继续上好学科渗透德育教育的教研课,要继续认真上好思想品德、晨会、班队活动课。

3.开展德育科研

全体教师要树立向科研质量要效益的现代意识,要认真学习教科研理论的书籍并运用于德育实践研究。要认真作好学习笔记,要针对新形势下的学生特点,进行分析研究,撰写有一定质量的教育论文,积极向报刊投稿。

二、小学德育活动课程的形式设计

德育活动课的重要特征就是活动性,活动形式设计好了,内容才是充实的,也才能更好地达成目标。否则,内容是空泛的,预期目标也不能达到。

一般来说,德育活动课形式大体可分为讨论探究式、辩论明理式、情感体验式、情景模拟式、角色扮演式、演讲报告式、文艺表演式、知识竞赛式、展示交流式、网上互动式、调查访谈式等。但是,对于德育活动课模式准确界定往往是一件比较困难的事情,因为一堂高质量的德育活动课一般需要教师综合运用多种形式和手段来进行。比如《克服消极情绪》一课就采用了讨论探究、辩论明理、情感体验、展示交流、调查访谈、情景模拟、角色扮演等不同的形式和手段。

活动形式的确定主要考虑以下三个方面:①形式为内容服务,要体现教育性。②符合学生年龄特征。③能够吸引学生注意力和调动其参与的积极性。

一堂好的心理健康教育活动课,活动的形式应该是根据活动的具体内容、目的和学生的年龄特点而定的。小学生天性活泼、好动,感性思维丰富而缺乏理性思维,因此他们的年龄特点决定了小学生心理活动课的形式要多样、让他们在轻松愉快的氛围中去体会,去感悟。具体活动形式主要有:游戏、情景短剧、观摩电视短片或动漫片、角色扮演、叙述一件事情或讲故事、讨论等。歌曲表演、小品等活动形式是有趣的,它能使课堂气氛活跃。但是活动要注重实效性,不要花架子,热热闹闹的文艺会演类型的活动应该避免,这种活动忽略了德育活动课之本"活动中育人"。那么在小品表演、游戏等表演之后,都必须要有一个反思的环节,这样,才能使活动不停留在表面。通过各种形式的活动让学生思想活跃起来,让学生全身心地获得心理感悟,通过感悟内化为自己的行为习惯,通过习惯形成稳定的心理品质,这样才使活动富有了探究性、教育性。

围绕着德育专题所开展的活动内容是丰富多彩的,组织形式也多种多样。例如,同一个专题,不同的年级就有不同的形式和内容。即使是同一个年级,因为教师和学生不同,所开发的教育资源也会不同,形式当然也不尽相同。这样做,既有统一,又有差异,有利于充分调动师生参与德育活动的主体性。

三、小学德育活动课程中的综合实践

德育课程活动是由系列活动构成,层层递进,其中“落实行动”的环节定不可缺少。学生在平日里对道德理解也仅限于书本,讲道德对他们来说也只是个概念而已,如果还是以书本的形式强行灌输这些知识,只是会让学生把它当成一篇课文的存在,最多强加上“背诵”这两个字,对其中实质性的东西不会有太多的理解。但是通过实践性的操作,让学生自己去做,去切身感受,才会得到实质性的效果。

(一)在教材综合中启迪心灵

小学教学综合实践指导纲要中给出非常明确的德育任务要求:发展学生对自我的责任感、对自然的关爱和对社会的责任感;从自己的周遭生活中形成自己主动发现问题并独立解决问题的态度和能力;养成和他人合作、分享、积极进取等优秀的个性品质等。

教学过程中教材是落实科学教育的重要载体,并且学科课程的德育价值就蕴含其中,这就要求教师在课前认真地阅读、研究教材,充分地发现、挖掘出教材中所体现的德育价值,为课堂教学过程中伺机渗透德育做好准备。

比如在学习《关注身边的垃圾》这一课,通过开展实践活动,使学生深入了解到垃圾的分类、危害、处理方法。引导学生抽时间观察周围环境,说出周围环境的变化,并了解当今社会人们是通过何种方式处理垃圾的。通过实践活动,增强学生动手实践能力和主动观察及参与社会生活的意识。同时,感受垃圾给人们带来的危害能够对学生进行感受环境、保护环境、美化环境的教育，培养每一位学生的环保意识。再如《过年啦》这一课的学习过程中，通过带领学生了解过年的来历和故事、过年各地的习俗以及社会经济的发展变化，感受并且热爱祖国的传统文化，通过比较各民族的新年习俗的不同，培养学生收集资料的能力，学习如何去整理好所用资料、利用资料。带领学生参加除旧布新的打扫和布置活动，使学生学习与人合作，使学生体会到助人为乐与互助的快乐，培养学生团结协作的精神，让学生感受春节的热闹景象，深入感受人与人之间的和谐共处，在培养学生能力的同时，学生也能体会真挚的情感，从而更加热爱如今的幸福生活。

（二）在探究实践中囤积美德

小学综合实践中有着非常丰富的能够使用的德育素材资料。但有些教师总认为德育活动课程是一门实践性学科，不具备真正的德育的功能，并且内容上也缺乏德育素材资料，因此造成许多教师教学中不讲德育只讲实践，最终白白丢掉了思想道德教育的大好时机，也失去了德育活动科学观建立的源泉。许多有趣味的实践探究活动能够组成德育活动课程，这些探究活动不仅是我们进行科学教育的载体，也为学生进行情感体验提供了载体。开展实践探究活动能够使学生从单纯的校园、家庭步入广阔的社会，从单调的课堂走向丰富的课外，这些与社会生活实际密切相关的活动主题，不仅激发了学习兴趣和探究热情，而且丰富了教学内容，让学生在亲身参与中领会到了真切的道德感悟，德育效应才更加显著。

(三)在活动体验中陶冶情操

综合实践德育化,是指教师从主观上认为综合实践以及日常教学中应强调德育,然而在学校教学中“思想味”冲淡了“实践味”,主次颠倒,本末倒置。其实,小学德育活动课程指导纲要中有非常清晰的德育目标定位。并且,德育综合实践活动教学的“辅目标”,给它设定的定位是渗透。有些教师认为完成普通教学任务就是培养人,综合实践课一定要渗透德育,枯燥地上成了思想品德课。殊不知由于这种愿望太强烈之后,完成效果就难免会牵强附会,不但收不到理想的效果,反而会适得其反,导致学生学习兴趣的下降,使综合实践活动反而失去了原有的“活动味”。

德育活动课程是一门经验性课程、活动性课程,德育活动课程最基本的形式是活动。并且课程主要围绕人与自然、人与社会、人与自我这三条线索来展开多种多样的活动主题。教师要全心全意地为学生提供充足的活动的时间和空间,引导学生参与活动,并使学生在活动中有所感、有所悟、有所得、有所变,促进学生品德的内化。例如在开学初,学生作自我介绍时学生总是只向同学们展示美好的一面,其他同学不时揭发他以前的过错。于是,通过在班级中开展《介绍自己》主题活动,教师引导学生重新认识自我,从了解“家人眼中的我”“老师眼中的我”“同学眼中的我”“自己心中的我”,剖析学生个人自我成长与发展过程中的善与恶、苦与乐、得与失等身心变化,引导学生正确对待自己的优缺点。活动中,孩子们通过勇于表现自己,大胆地与家人、老师、同学进行交流,能够感受到自己的点滴进步,使学生体会到父母家人的无微不至的照顾,老师所给予的无私关爱，同学互相之间的真诚帮助，从而找出自身的不足之处，进一步地激发出了学生爱家、爱己、爱师、爱同学的内心情感。同时也培养孩子认真地正视、审视自我，使学生正确地对待他人对自己的批评，虚心接受他人所给予的意见，不断地完善自我。通过这些活动在学校生活中培养孩子自尊、自信、自强的美好情操。

总而言之，德育活动课程一方面是学生获取知识、培养能力的主阵地，另一方面也是品德教育的大课堂。德育教育的学习除了求知，还重在求德，学生除了学会做事，更为重要的是学会做人。教师要以更宽容、更理解的态度与学生一起求知，合作探究，更好地发挥出德育教育的针对性和实效性。只有做到在平时活动开展中，教师做有心人，真正地让学生在课中乐，乐中学，学中长，所种的德育之花会才在学校德育活动课程的这片沃土上尽情绽放。

第四章 小学德育主题活动课程的实施

课程实施是一个课程方案的执行情况，就是考察课程方案中所设计内容的落实程度，实施就是一个执行的过程。作为课程的执行者，学校和教师应当很好地理解和运用课程，认真地执行课程方案中设定的项目。课程实施的效果如何，将取决于学校和教师对课程方案的理解和落实程度。同时，课程实施也是一个动态的过程，是一个预期的课程如何在实际中运用的过程。课程实施不仅仅指课程方案的落实程度，还要包括学校和教师在课程执行过程中，是否按照实际的情况对课程进行了调适。在小学生德育活动课程实施过程中，学校和教师应当充分认识课程实施的重要性以及复杂性，积极创造条件有效地进行德育活动课程实施。

第一节 小学德育活动课程实施的原则

小学德育活动课的实施应该遵循的原则就是作为活动课程的基本要求。该原则在内容上要考虑道德教育、法纪教育、心理教育、思想教育、政治教育等因素；在层次结构上要依据学生的年龄特点、认知水平以及德育的内在规律，由小到大，由低到高，由浅入深，由具体到抽象，从简单到深刻，力争做到螺旋上升、循序渐进、有章可循、有据可依。根据实践经验看，成功的德育主题活动课程必须坚持以下原则。

一、小学德育活动课程的实施应体现灵活性原则

小学德育活动具有多样化的特点，需经常不断地改进，丰富活动的内容和形式。德育活动范围很大，不局限在课堂，还可以在课外，要实现课内课外、校内校外相结合。在进行德育主题活动的设计时，要充分利用社会教育、家庭教育的资源和优势，使学生广泛接触社会，联系生活生产实际，从中获取知识和教益，同时注意体现灵活性原则。德育主题活动的灵活性主要表现为德育主题活动的形式是多种多样的，形式越活泼越能体现德育主题活动的特点和吸引力，如故事式、展览式、竞赛式、表演式、演讲式、辩论式、游戏式、参观访问式、调查式，还有小制作、小实验、小发明、小创造等多种形式。在德育活动课程中，要因时、因地、因事、因人制宜，做到一法为主，多法辅助，灵活运用，才能收到很好的实效。同时，要让学生整体性地参与到活动中，每个学生都应积极参加活动，可以根据自身的特点，选择自己喜欢的一些活动，也可以与指导教师合作来选择和确定一些活动。

在开展德育主题活动中要特别注意德育方法，采用灵活多样的活动形式，突破以往课堂“坐而论道”的局限，扩大德育的空间和影响。一是利用各种媒体与现代传播工具，对学生进行德育，提高德育的覆盖面、渗透力。二是有针对性地开展丰富多彩、学生喜闻乐见的健康向上的文娱活动、知识竞赛、社会活动等，使德育主题活动更具有吸引力，达到让学生自我参与、自

我娱乐、自我教育的目的。同时，还应注意借鉴国外学校德育和心理辅导的方法，把“角色扮演”“倾听”“体验”等方法运用到德育主题活动中来。这些方法突出学生的主体地位，重视学生的自我思考、自我判断、自我体验，所以容易被学生所接受和喜欢。

二、小学德育活动课程的实施应体现学生的主体性原则

实施德育活动课程应始终将学生置于主体地位，将学生始终视为德育活动的主人，保证他们在活动中的主体性。事实表明，学生的自立能力、自信心及创造精神的培养通常得益于学生的自主活动。而在现行的一些德育活动课程中，有些教师怀疑学生的活动能力，处处不放心，甚至对学生的活动处处干涉，这实际上违背了活动性德育课程的本质，没有遵循学生主体地位原则，因而教育效果不佳。学生的自主性、主体性主要体现在以下两个方面：一是学生自己拥有选择活动和决定活动的权利，包括活动的内容、活动的具体方式以及搜集整理活动所需的材料等。二是学生的参与程度，关键看学生参与的人数多少。如果一次活动只有很少的学生参加，而多数同学只旁观甚至不参与，这样的活动效果是不理想的。因此，每一个同学都应该有机会参与，并在活动中大胆地进行尝试，自我体验、自我评价、自我教育，突出主体的体验性。德育主题活动课程不能单纯追求外在的形式，应以学生主体性的切实发挥为基本要求，从展示走向体验，通过活动让学生在体验中获得切身感受，获得经验，在经验累积过程中实现主体积极道德内化要求，最终形成自己的道德经验结构，实现自主发展，推进学生品行社会化进程。

三、小学德育活动课程的实施应体现实践性原则

实践是德育活动的本质特征，德育应把以道德为基础的道德实践作为终极目的，付诸行动。德育育人的实践过程是内含于生活之中的过程，不可能脱离实际生活，凌驾于生活之上。学校德育从本质上说是社会性的，必须与社会生活和社会实践相联系。小学生需要在社会生活和社会实践中获得对生活的感知和体验，以引导自己达到自我激励和自我完善的至高境界。因此，学生需要在生活实践和社会实践中获得新的感知、体验。当今的小学生的自立意识非常强烈，特别是在价值观、道德观方面，他们不喜欢别人指手画脚，而习惯于自己探索和追求。他们缺少的并不是道德认识，而是“知情脱离”或“知行脱节”。只有通过德育活动让学生真正“心临其境”去体验，形成接受教育的最佳心理状态，才能启开他们的情感之门，达到“理达情通”，言行一致的要求。

学生通过社会实践，可以去探索人生哲理，去追求更有意义的生活，学校和教师要从小鼓励他们通过自己的努力去实现自己的人生价值和理想。小学德育活动课程应把学生引入社会、引入生活、引入自然，以社会为大课堂进行教育，这种实践教育方式，必能大大提高德育的实效。

实践也是实施德育活动课程教育的根本途径。实施活动性德育课程，应引导学生积极通过亲身感受和具体操作等方法去获取新的信息，锻炼能力，发展和提升自己。德育活动课程必须打破传统的寓德育活动课程教学于课堂之隅的空间局限，从封闭走向开放，让活动走进社区，走入社会，增加学生接触和了解社会的机会，在接触与了解社会中形成真正的社会性品

德。同时网络也是扩展德育活动空间的一种很好的形式，但必须要求教育工作者做到精心设计和有效指导，以避免消极影响。因此，实施小学德育活动课程的突破口应在于为学生设置多种参与实践锻炼的机会和情境，尽力为学生提供更多的实践活动机会，积极开展各种校内外活动。

四、德育活动课程的实施应满足兴趣性原则

有趣的活动可以激发学生的学习动机，增长其对未知领域的探求欲。“兴趣是人对客观事物选择性的态度，是学生学习动机中最活跃的成分之一，它是推动学生获取知识不断探求真理的重要动因”。[①]“兴趣是最好的老师”，兴趣是推动学生不断探求真理并获取知识的重要内在动因。当然，活动性德育课程只有富有趣味性才能使学生产生兴趣，才能调动起学生积极参与的积极性。学习兴趣的培养不仅能转化为学习动力，而且也能促进智能发展，从而达到提高学习质量和形成个性品质的目的。同样的道理，德育活动课程富有趣味性才能对学生产生吸引力，才能调动起学生的潜在需求的积极性。这要求德育活动的形式和内容本身要有趣，要适合小学生的口味和其活泼好动、思想活跃的特点，并突出“寓教于乐”的原则，使学生在轻松愉悦的氛围中受到教育，切忌千篇一律，千人一面。

德育活动的趣味性具体表现在两个方面：一是形式上要新颖、活泼、有艺术性、不拘一格，让学生喜闻乐见，如小品、相声、兴趣小组、演讲比赛、业余技能展示等。二是活动内容上要富有生机活力、时代特色，让学生喜欢，只有不断变换教育内容和形式，使德育活动丰富多彩，学生才会乐于参与。培养学生

①陈玉泉．谈小学班级德育活动的实施策略[J]．赤子，2018，(29)：253.

集体观念和审美意识，例如学校可以设计并开展关于班训、班徽征集等活动。学生之间，看谁设计的样品既富有新意，又符合学生思想实际，还能反映出他们的理想和追求。班级之间，看谁的班训、班徽思想性强，寓意深刻，最具独创性。广大学生开动脑筋，精巧构思，以求能在全校评比中为班集体争光。从征集到的班训和班徽来看，他们在设计中能将学习、理想、动手能力联系在一起，立足现实，放眼未来，思想境界产生了新的飞跃。班训、班徽的设计、制作、评比过程，本身就是一次生动的德育过程。这种融思想性、理论性、趣味性于一体的德育主题活动，可以使学生在愉悦的气氛中得到精神的净化。

五、小学德育活动课程的实施应体现与时俱进的原则

21世纪的小学生是祖国的花朵，也是中国特色社会主义建设事业未来的接班人，会成为当今知识经济竞争时代的主导力量。21世纪是一个充满激烈竞争与挑战的时代，全球化成为一种必然趋势，人与人之间的合作日益密切，“与时俱进”的精神内涵必然会影响现代学生，要求学生正确认识自己、完善自己，让自己更好地成长起来。这就要求我们在开展小学德育活动课程的过程中，把握时代特征，注意人文素养的渗透。让学生懂得“何以为人、以何谋生”的道理，具备与人为善、助人为乐、明礼诚信的情怀，求真、求善、求美的精神，自立、自信、自强的品质，敢于对他人、对社会、对国家、对自然承担自己的责任，从而培养开阔的胸襟、健康的心理和完整的人格。这也是让广大学生有能力自我生存、自我发展，可以立于不败之地的必备素质。教育是百年树人的伟业，而德育作为教育的重要组成部分，德育工作必须以人为本、面向未来，只有这样，德育

活动才会在承载教育的使命中发挥更大的作用。小学德育活动课程的实施要体现与时俱进的精神，是新的历史条件下校园道德教育的指南。

学校德育工作应该是开放的、面向世界的、博采众长、为我所用的。在开展小学德育活动课程的过程中，要求我们把握时代特征，注重人文素养的培养和渗透。小学德育活动课程的内容要贴近学生生活，关注社会热点，把握时代脉搏，突出人文、科技、国防、环保等意识和创造能力的培养。学校教师在教学过程中应注意捕捉时政热点，结合德育活动课及时对学生进行德育教育。例如，在印度洋海啸发生之际，教师就可以利用德育活动课程，让学生介绍自己所了解的关于海啸的最新消息、各家媒体的报道、我国政府的态度和采取的措施，组织学生讨论作为“地球村”的村民，当我们的邻居遭遇到不幸，我们应该抱什么样的态度？我们学生能为他们做些什么？同时可以积极引导学生，培养学生的爱心。

六、小学德育活动课程的实施应体现创新性原则

创新是一个民族、一个国家兴旺发达的不竭动力，构建社会主义和谐社会，必须最广泛、最充分地调动一切积极因素，发挥各方面的创新活力，不断推动经济社会的发展。小学生作为知识的初学者，要从小树立创新意识，以提高民族创新能力作为自己的远大理想，全面发展，培养科学精神和创新精神，成为具有创新精神和创新能力的学生。因此，在小学德育活动过程中，教师需经常不断地改进和丰富活动的内容和形式，不断拓宽德育活动范围，充分利用学校教育、家庭教育、社会教育的资源优势，使学生更广泛接触社会，从生活、生产实践中提升自

己。同时,德育活动要注重体现活动的灵活性,即形式上多种多样富有吸引力。以灵活多样的活动形式,扩大德育的影响和实施效果。

创新性原则是德育活动课程的重要原则,主要体现在以下三个方面:一是德育活动课内容的丰富和创新。二是德育活动课小学生意识和观念的创新,德育活动课是培养学生创新观念的极好机会,学生是课程设计的主体,德育活动的具体实施过程就是学生的创新能力的培养过程。三是学生思维方式方法的创新,人们习惯于正向思维、定向思维、惯性思维,学生也不例外,这对思维质量及其导致的行为效果极为不利。利用德育活动课程引导学生采用逆向思维、换位思考等方式,对他们今后的发展大有裨益。也可以在活动过程中设置一定的问题和困难情景,使其从被动接受走向主动探究和创新。疑惑和困难需要通过思考、探究、创新去消除和克服,成功的探究过程固然重要,但失败也不可或缺,它与成功一样都是学生成长的需要。德育主题活动课程可依据学生的不同水平而有不同的难度,必须有一个再开发的过程。这个再开发就要求教师结合区域背景和学校个性对德育活动课程进行创造性的设计和差异化的实施,从统一走向多样。因为任何一所学校都是具体的、独特的、不可替代的,只有符合这种个别差异,德育主题活动课的实施才会取得应有的效果。例如,在德育活动课程中讨论环保问题时,可引导学生形成“假设全社会不重视环保、污染环境,很快就会污水横流、垃圾成山、疾病流行,人类将无法生存”的认识。小学德育活动课程引导学生进行思维方式的创新尝试,使学生得到更直观、更理智、更全面的认识,这就是坚持创新性原则的目的。

第二节 小学德育活动课程常用的方法

实施方法是指在开展德育活动课程中运用的德育方法,是为了达到德育目标,完成德育任务,在教育原则指导下,通过德育主题活动形式、教师与学生相互作用的活动方式的总和。在德育活动课程的实施中,实施的方法多种多样,归纳起来大致有实践锻炼法、情感陶冶法、角色扮演法、榜样示范法、讨论法。不同的方法实现的德育目标不一样,适用的活动主题也不一样。

一、实践锻炼法

实践锻炼法是指在主持人或教育者的指导下,通过有目的的实践活动,训练和培养学生的品行及习惯的德育方法。

(一)实践锻炼法的基本作用

实践锻炼法的基本作用在于:首先,使学生的意志得到磨炼,增强情感体验,形成坚定的道德信念。其次,对学生是否能够接纳一定的要求具有检验作用。再次,能增强学生在处理各种关系时的能力,形成稳定的行为方式。

实践锻炼法的主要方式有:学校内外、课堂内外的各种学习活动、文体活动、劳动服务活动、生产实践活动、交往活动、规范训练活动等,这些方式都可以用来锻炼学生。

(二)实践锻炼法的实施要领

实践锻炼法的主要实施要领有:第一,认识实践锻炼法的意义，有自觉、主动参与锻炼的意识。第二，积极主动参与到实践锻炼过程中，注重体验，互相鼓励，克服困难，重在坚持。第三，总结体验，内化思想为实际行动。有意识通过实践锻炼，巩固学生形成的道德观点、信念和行为习惯。

（三）实践锻炼法的基本步骤

1. 明确主题活动实践锻炼的目标和要求

目前，我们在教育中重说教、轻实践，学生又多数是家里、学校两点一线的生活方式，缺少社会实践和艰苦的历练。可是"不经历风雨，哪能见彩虹？"我们应重视实践锻炼法对学生独有的教育价值。人的品德的形成、发展、完善是与社会生活和各种实践锻炼分不开的。道德是"做"出来的，而不是"说"出来的。有学者指出："我们的道德，不在空洞的内心修养，而在实际锻炼。"[①] 对学生进行道德教育，单靠说教是远远不够的，只有通过实际锻炼，才能使学生把所获得的道德认识、道德信念转化为道德行为，并对这种道德行为进行不断的练习，以形成牢固的道德行为习惯。

2. 严格组织实践

学生自主组合合作小组，不同的分组可以有效地完成主题的不同部分。在实践锻炼中，有效的实践有赖于严格要求。进行任何一种实践，如果不严格遵守一定的规范和要求，而是马马虎虎，那就会流于形式，不可能使学生得到锻炼和提高。

3. 反复巩固

品德的形成不是一两次实践活动和练习就能完成的，要塑造一种良好的品德，需要经过知、情、意、行的过程，而改造一

①廉思．中国青年发展[M]．北京：社会科学文献出版社，2018.

种不良的品德需要经过认识、醒悟、转变、反复、稳定等一系列环节。所以,实践锻炼要坚持不懈,持之以恒。

4. 成果展示

学生通过实践锻炼产生的成果是自我价值的实现与肯定。学生和教师要对已经完毕的德育活动课程成果进行及时的总结和展示,不断鼓励学生,引导学生做得更好。

5. 自我锻炼与提高

要让小学生主动参与德育实践锻炼,只有让学生亲身经历实践的艰辛,他们才能在体验的过程中达到自我实践能力的提高,激发锻炼的内部动机,为其奠定良好的基础。

实践锻炼法,其实就是亲身体验参与各种实践活动的方法,让学生参加实践锻炼,主要是让学生能体会到活动给人带来的无穷乐趣,学生体会到了这种乐趣,那么这种教育就算成功了。如果学生体会到的只是劳累和痛苦,那就将使教育走向反面。因此,实践锻炼法要适度,不可超负荷,应以学生的承受能力为准。

二、情感陶冶法

情感陶冶法是指受教育者置身于富有情感的情境中,自然而然地受到熏陶的一种德育方法。其具体方式有:一是人格感化,教育者以自身的品质风范、对学生真挚的爱来影响教育对象。二是艺术陶冶,利用音乐、美术、舞蹈、影视、文学作品等艺术形式给受教育者以美的感受,熏陶其性情。三是环境陶冶,创造良好的校园环境,树立良好的校风、班风,建立集体中和谐的人际关系,营造愉快的心理气氛,让学生从中受到陶冶。

（一）情感陶冶法的基本作用

小学德育活动课程中通常利用情感陶冶法来达成对学生的德育目标。它的基本作用有：第一，能够使学生在特定环境或情境的自主活动中不知不觉地受到深刻的政治、思想、道德教育。第二，能缩小或消除师生之间的心理距离，学生没有那种灌输说教式的教育中所产生的压抑感、防御心理和逆反心理等。第三，能保持教育影响的持续性，对学生的良好素质的形成、文明习惯的养成、健康情感的培养有重要作用。

（二）情感陶冶法的实施要领

情感陶冶法的实施要领主要有：创设适当的德育情境，使学生身临其境，以境育情。真情投入，引起学生共鸣，以行育情。各抒己见，尊重理解不同的看法，以艺育情，以情育情。

（三）情感陶冶法的一般步骤

1. 以情入境

在小学德育活动课程中，教师要用自己的热情去感染学生，激发学生的情感共鸣。教师作为活动的主持人，要自己入情，才能带动学生入境。主持人或教育者在实施活动时要有激情，才能使同学们的感情萌动。

2. 尊重鼓励学生

教师要尊重学生，虚心听取同学的意见，真心诚意地鼓励学生，哪怕学生回答错了，也要给予鼓励。只有这样，学生的紧张心理才会逐渐消除，才会感到身心轻松，思维无拘无束，然后才会积极参与，踊跃发表自己的见解。课堂气氛民主了，学生胆子大了，思考问题便有了深度和新意。

3.巧妙引导激情

我们可采用设问等方法激发学生的兴趣,用多媒体、实物、图片、幻灯等手段,调动学生的兴趣,活跃思维;用面部表情、姿势和语言来表达自己的内心情感,感染学生;用独特的思维方法解答问题,使学生感到惊奇、欣喜,得到一种思维的享受,从而激发学生在今后的解答中大胆想象,对参与德育活动课程产生浓厚兴趣。

三、角色扮演法

角色扮演法,即结合德育内容,模仿某种典型情景或截取某一个生活片段,让学生扮演一定的角色,去展示情境,在角色体验中受到感染和教育。它的主要目的在于为学生提供个人学习角色扮演的机会,使其能设身处地去扮演一个在实际生活中不属于自己的角色,得以尝试和体验另一种生活的方式和行为模式,增加角色学习,扩展生活知觉,促进行为的弹性和适应性。角色扮演法能充分满足学生的心理需求,因为他们自己也成了整个情境的一部分,既是情境的感受者,又是情境的参与者和创造者。角色扮演法中所展示的情境贴近学生的思想、情感和实际生活,有利于学生体会情境中蕴含的情感与人生哲理,使学生理解和接受达到最佳点,从而使德育活动富有感染力和实效性。

(一)角色扮演法的基本作用

角色扮演的基本作用为:改善学生自我观念;增进学生道德判断的发展;促进班级气氛与人际关系的发展;提升学生解决问题的能力;提高学生的社会生存能力。

(二)角色扮演法的实施要领

每次演出的时间不要太长，灵活规划，最好由学生自愿参加演出，可由学生推荐有经验者参加演出，但不可强迫。第二次扮演可用原班人马，亦可更换新人演出，不管是演出人或观众，应避免使学生感受到压力或伤害。实施的过程中若出现人身攻击，教师应敏锐察觉并妥善处理，应积极倾听，尊重学生的意见，不要给予太多的干涉，并引导学生抓住问题的关键，以进行演出和讨论，鼓励学生自由地发挥创意，但不要造成班级混乱的现象。

(三)角色扮演法的步骤

1. 简述

简述阶段涉及的内容有：第一，根据德育主题，引出欲探讨的问题，收集资料。第二，界定问题后，设计情境，分派角色扮演人选。角色的扮演者可以由教师指定，也可以通过推荐、抽签或根据个人意愿等方式确定。教师或指导者一般不扮演角色，而是整个过程的设计者和仲裁者。第三，演出前的各项准备和情境布置，每个角色在课前进行充分准备。

2. 互动

互动阶段涉及的内容有：首先，安排观众如何进行观察和参与演出。其次，进入场景。在保证安全的前提下，让学生充分表达情感，进行角色扮演，用实际行动开始演出。学生以自己的角色开始演出，这种演出不同于戏剧，无须事先排练，而是每个参加者以其角色的立场直接阐述自己的观点，反驳他人的观点。在学生扮演角色的过程中，可能会因某种原因使扮演过程暂停下来，这时指导者或主持人要及时引导、指导，并更换学生，这样既可以使更多的学生参与进来，也可以促进学生之间的交流。

3.讨论

讨论阶段的主要内容是：第一，针对演出内容共同分析、讨论和评价，探讨问题的原因。第二，反串角色，经讨论和经验的分享后，师生共议如何改善不良的行为表现，每个角色在准备自己的论点时，必须考虑全面。因此，反串角色可能使讨论的问题更加全面、深入。第三，根据讨论和演出的结果作总结，教师要以仲裁者的身份，从总体上分析模拟活动中的问题。在分析时，容许学生继续以自己的角色立场适当提出异议，由指导者解释。总结的目的是使学生从切身的体会出发，对活动中的问题及解决途径达成一定的共识，从而实现德育目标。

在构思和排练课本剧时，考虑到角色扮演的自然性和真实性，不要刻意地去规定他们应该说什么，只是让他们自己去查找资料，去领悟人物情感，只是提醒其表演的时候要注意一下度的把握。

四、榜样示范法

榜样示范法是指教育者以自身或他人的优良品质去影响、教育学生的思想、情感、行为，以达到教育目的的一种方法。榜样示范法是小学实施德育活动课程的一种行之有效的德育方法。榜样示范法的方式有事迹报告、讲故事，演讲等，这些方式各有不同特点，主要教育学生爱祖国、爱人民、爱自己的亲人。在榜样示范中，教师除了自己可以做榜样外，也可利用先进人物、英雄人物的事迹来教育学生，利用先进人物、英雄人物作典范。榜样示范应注意贴近生活，不可脱离时代，要有针对性和真实性，还要让学生能切实做到，做不到的不可勉强学生，学习时，要认真落实到实际行动上，不可说空话。

（一）榜样示范法的基本作用

榜样示范法的基本作用有：第一，能把抽象的教育准则、道德规范具体化、形象化，使学生可感、可信。第二，能使学生获得言行上的楷模，矫正自己认识上的缺点和不足。第三，能以鲜明的思想性和优良的个性品质影响学生的精神世界，具有较强的激励作用和导向作用。

小学阶段是孩子成长的关键时期，具有一定的是非判断能力和自己所追求的形象，他们喜欢和善于模仿别人。朱红梅在《相信孩子，孩子才会相信你》一书中认为，“儿童的心灵是敏感的，它是为接受一切好的东西而敞开的。如果教师引导儿童学习好榜样，鼓励仿效一切好的行为，那么儿童身上的所有缺点就会没有痛苦和创伤地、不觉得难受地逐渐消失”。[①]

（二）榜样示范法的实施要领

1.把握榜样的层次性和针对性

层次性是指根据榜样具有的不同水平，有典范、示范和样板等各种定位。典范是指革命领袖和英雄模范人物，他们不平凡的一生，伟大的业绩、崇高的品德和光辉的形象，对学生有极大的吸引力，易激起学生对他们的敬仰之情，激发学生的斗志，鼓舞他们前进。示范是指教师、家长或其他长者给青少年学生所作的示范，也是学生学习的一种榜样。他们的思想境界、精神状态、言行举止，甚至穿衣戴帽都会对学生起着示范作用，产生潜移默化的深远影响。样板是指学生中优秀的个体，因为他

①郭怀德．让孩子从容成长[M]．上海：上海交通大学出版社，2015.

们年龄相仿、能力相近，又彼此熟悉，所以，容易激起学生的竞争意识，形成比、学、赶、帮、超的良好氛围。可见，树立样板具有直接的教育意义。针对性是指我们所选择的“榜样”必须与德育目标、德育内容和德育主题相一致。社会上和学校中值得学习的榜样很多，原则上说，这些人都值得学习和效法。但是德育主题活动课中的德育实施方案是有计划、有目的性的，选用的榜样应有针对性。有了针对性才能对某些德育内容强化和深化，缺乏针对性容易使德育活动泛泛而谈，达不到应有的效果。

2.实事求是

主持人或教师对榜样的宣传应该实事求是，不该将榜样宣传成为高、大、全的完人。因为，现实生活中不可能存在十全十美，白璧无瑕的人。缺乏真实性，不仅不能提高榜样的威信，反而会使榜样自身原有的一些先进之处也为之逊色，甚至引起学生怀疑与反感。我们对样板的树立更应真实，因为学生间彼此都很了解。一旦失真，就会事与愿违，要么被树立者遭指责，受孤立，要么学生议论纷纷，这就达不到树立榜样的初衷。

(三)榜样示范法的一般步骤

1.激发内在动机

榜样的德育效果，不仅依赖于外部条件，也依赖于学生自身的内部条件。所以，我们要注意激发学生学习榜样的内在动机，使外在的德育要求变为学生自身的需求和动机，这是运用榜样示范法必须重视的问题。一方面，我们要大力宣传榜样，营造学习榜样的气氛，以激发起学生不甘落后的自尊心，增强其奋发向上，赶超先进的信心和力量，实现榜样示范与自我教育的有机结合。另一方面,要结合榜样的先进事迹,对学生提出具体可行的要求,使他们明确学什么和怎样学,增强学习的目的性和自觉性,以消除榜样可望而不可即的自卑心理。

2.适时运用榜样感染学生

我们应该根据活动发展的情境适时发挥榜样的力量,让学生从榜样人物的事迹中受到感染,使学生动情动心,产生惊叹、佩服、敬慕之情,这样榜样才能植根于心中,进而产生效法之念,最后见之于行动。假如学生对榜样人物的事迹无动于衷,激不起情感的波澜,那么这种“榜样”就不可能转化为学生心目中的“榜样”,学生就学不到榜样人物的精髓,学榜样就成了走形式、走过场。

3.巧用反面典型

利用反面人物进行鉴戒教育,是对正面榜样教育的有效补充。生活中并不都是正面人物,除了让学生从榜样人物身上汲取营养外,还要从反面人物的不良行为中吸取教训,因此,德育主题活动课中,教师要利用反面典型,对学生进行鉴戒教育。首先,它能使学生从反面人物身上看到违反法律、违反公德、损害他人利益的行为不仅扰乱社会秩序,还会危害自己。这会使学生产生警惕,从反面典型的身上看到值得警示的地方,进而检查自己行为,体会到遵纪守法的重要性。其次,它能使学生从反面人物身上看到什么行为是有害的、反面的,在生活中对反面的东西如何去识别和抵制等。最后,它对问题学生有震撼和威慑作用,所以,教师应该适当使用。

4.升华境界

学习榜样必须转化为自觉行动,这是榜样教育的根本目的。要防止“听着很感动,思想很激动,实际没行动”的状况发生。榜样的示范,让学生的感性认识通过实践活动升华为理性认识,并在实践中进一步升华,体悟人生,提高思想境界。

五、讨论法

讨论法指在主持人或教师的引导下,全班或小组中的教师与学生围绕某个中心问题,经过讨论甚至辩论,发表自己的看法,从而互相启发,互相学习,得出正确结论,使学生明辨是非,提高认识的一种方法。运用讨论法可以掌握德育内容、改变态度、道德发展、解决问题和掌握交流的技巧。此外,它还可以激发学生学习的兴趣与动机。

(一)讨论法的基本作用

讨论法方法充分体现了德育活动尊重学生的主体性发展的特点,使学生发挥自己的主体作用,通过互相讨论、研究和交流,使学生明辨是非,加深理解,提高认识,并留下深刻印象。它可以活跃学生的思想,调动学生探讨问题的积极性,培养学生坚持真理、修正错误的科学态度以及分析、解决问题的能力。首先,参与讨论的学生以平等的身份处于一个共同体中发表自己的见解,大家围绕共同关心的问题展开讨论,这有助于在师生之间、生生之间建立起良好的人际关系。活动中所有参与讨论的人都得到尊重,每人都有自由表达自己思想的机会,即使各人见解相左,互相质疑,也不会对小组成员的人际关系产生负面效应。同时,通过成员之间观点的碰撞,思想的交流,彼此之间可以建立互相理解、信任友好的人际关系,塑造良好的班级精神氛围。其次,通过讨论,小组成员之间建立起多条信息通道,有利于信息的交流与反馈,使各种信息得以交流、共享,得到有效利用,大家互相学习、互相启发,形成良好的品德和提高处理问题的能力。再次,讨论法有助于学生学会表达自己的观点,学会倾听他人的意见,学会有效交流,学会合作与共处,提高他们的社会生存能力。“学会合作、学会与他人共处”,是终身教育的四大教育支柱之一,是现代德育教育的重要使命,同时也是德育主题活动的重要目标之一。这一目标的实现,有赖于讨论法在其中发挥的桥梁中介作用。最后,讨论法有助于促进学生思维能力的发展。各种观点的激烈交锋、奇妙思想的迸发都会把参与者吸引到讨论情境中,并使之积极动脑,认真思索,从而有效锻炼他们的思维能力。

(二)讨论法的实施要领

1. 明确目标

由师生共同确定讨论的问题,使大家有一个明确的目标。如果确定的问题没有讨论价值或是大家对这样一个问题没有兴趣,对这一问题缺乏认识,没有准备,这会在很大程度上影响讨论效果。在小学德育活动课程实施过程中,常规活动中的思想教育问题、学生合作交往、社会生存等有关话题等都可以作为德育主题活动课的讨论题目,但前提是大家普遍关心或对问题有自己的见解。

2. 划分讨论小组

小组的划分可遵循自愿原则,也可以将学生按不同性格互相搭配分组。总之,要顾全整个班集体中的全体同学。小组的规模,一般以 6 ~ 8 人为主,在划分好的小组中确定 1 ~ 2 名主持人,原则上每位学生都有机会做主持人,来组织德育主题活动课或小组讨论。

3.遵循一定原则

大家遵循一定原则展开讨论,可以运用小组规则来指导小组讨论,具体指:①通情达理,以理服人。②平心静气地遵守,诸如每次只能一人讲话这样的规则。③实事求是,鼓励学生把自己的真实想法表达出来。④给每人自由表达思想的机会。⑤相信每个参加者都一样蕴藏着与讨论有关的知识。⑥尊重所有参加者。

4.将讨论结果写成书面报告或结论

讨论中教师必须以民主、平等的身份和学生讨论问题,而居高临下,总想以自己的认识下结论,逼学生接受是不可取的,必须循循善诱,以理服人。教师一定要放下架子,要让学生充分发表见解。要允许并鼓励学生反驳教师的意见,如果学生有理,教师就要尊重,学生也可以保留意见。学生的意见哪怕是错误的,教师也要耐心听完,然后加以开导。

讨论法运用好了不但对讨论的问题的理解有好处,而且讨论的过程本身就是一种教育,教育学生学会质疑与理解,懂得坚持自己的正确意见,修正自己错误的认识。

上面总结的诸多德育方法是广大德育工作者在德育实践中创造的宝贵经验的一部分,这些方法是从不同的角度概括出来。在小学德育活动课程的实施过程中,它们相互联系、相互渗透、发挥着整体功能,但任何方法都不是万能的,没有任何十全十美的方法,也没有一定有害的方法。使用这种或那种方法的范围,可以扩大到十分普遍的程度或者要缩小到完全可以否定的状态,这要看环境、时间、个人和集体的特点,要看执行者的才能和修养,要看最近期间达到的目的,要看全部的情势而定。此外,德育有法,但无定法。每个执行者都应从实际出发,结合小学生的身心发展情况,适当地选择和创造性地运用这些方法,才能实现最佳的德育效果。

第三节 小学德育活动课程实施的主体

教师是德育活动课程实施的主体,是不可缺少的要素,是把握德育主题活动课的方向的舵手。因此,必须发挥教师在德育活动课程中的主导和指导作用。实际上,在最初的德育活动课程中,真正的主持人是教师,作为主持人的教师为学生主持德育活动课程起到示范的作用。

一、教师在德育活动课程中的角色分析

教师是德育活动课程的直接参与者和组织者,德育活动课程的成功实施,教师的素质、态度、适应性是关键。[①] 过去有一些德育计划没有取得预期的效果,并不是德育计划本身出现了问题,而是由于教师不积极参与指导或不能适应。因此,在实施德育活动课程时,教师的角色作用举足轻重。教师要适应新的德育理念,在德育活动课程的实施中应扮演研究者、组织者、策划者、指导者,参与者、监控者、评价者、帮助者的角色,而不是活动的主宰者。研究者是指教师在主题活动实施的全过程中和学生一起对主题活动进行研究,进行策划,进行探讨;组织者是指教师和学生一起对活动主题的选择、组织形式、评价等

①张益,罗艺.大中小学德育一体化探析[M].上海:上海书店出版社,2016.

方面起到组织的作用；策划者是指教师和学生一起根据德育要求策划德育活动课程方案，设计德育活动实施过程环节，保证德育活动课程的可操作性；监控者是指教师在课堂实施德育过程中起到德育方向、质量、安全、组织等方面的监控作用；评价者是指教师通过德育活动的实施对德育目标、学生、教师自己进行正确评价，以促进德育活动课程的整体发展；指导者是相对主宰者而言，教师在学生选德育主题或设计德育活动课程方案时，不能包办代替，要起到指导和帮助作用，体现学生在活动中的主体地位。在德育活动课程中教师扮演的角色主要有以下几种。

（一）主持人

在向学生示范德育活动课程主持人的过程中，应要求学生学会做观察者，倾听这些程序并学会怎样参与其中。当教师主持最初德育活动课程时，教师是在训练学生，让学生最终觉得主持德育活动课程容易。在最初按照德育活动课程议程来主持期间，教师在选用指导讨论法的技巧时，要停下来向学生解释教师正在做什么。

（二）活动成员

一旦学生主持人接手主持时，教师将成为德育活动课程中的一名成员，这将意味着教师必须和其他活动成员一样遵守相关的要求。例如，举手发言、鼓励学生主持者、恭敬地倾听、看着发言的学生等。

（三）秘书

在德育活动课程的过程中，教师不用保持与学生一样的举止。教师要给予学生解决问题程序的自主权，保证各种解决方案是由他们想出来的。教师要抑制自己，不让自己在这个阶段提出建议，学生需要感到他们可以在这个过程中做出决定。这有助于他们觉得自己拥有那些经过同意的解决方案的自主权。说到这点，重要的是要提出一些教师觉得与讨论相关的或有助于对讨论进行指导、纠正讨论方向的问题或评论，这对学生而言是一个学习和提高的过程。

（四）教练和帮手

当德育活动课程的实施进程出现停顿时，不要直接介入并告诉主持者该做什么，要记住的一个指导方针是保持沉默，给学生一点时间让他自己来解决这个问题。在最初几个月的实施中，如果主持者看上去好似一筹莫展，教师不妨指出此次活动议程以提醒学生下一步该干什么。然而，教师要抑制自己，不让自己插嘴，不让自己破坏讲话次序或者接过主题活动的主持权。如果教师认为很有必要说点什么以促使主持更成功，那么教师就举手并等待，直到被许可后才能发言。

在初期，学生有时会草率地完成收集与问题有关信息的提问阶段，并在未准确认定问题之前便直接进入“头脑风暴法”产生解决方案这一阶段。这会导致选出一个拙劣的解决方案或者是一个明知道会无效甚至是集体无法接受的方案。教师不要立即介入并予以解困，允许学生继续下去，因为他们将从这个经历中学到很多东西。只有通过不断探索，学生才会开始看到哪些结果或解决方案是有用的和有效的，而哪些又是无用和无效的，如果学生对他们选定的解决方案不满意，那么就提醒他们必须在一定时间内接受这个选择，到下次德育活动课程时可以重新审查这个方案。

随着学生主持者对德育活动课程主持的熟悉,教师就可以帮助他们运用更高级的再组织和总结的技能。如果某一次德育活动课程变得难以控制,而主持者又没有能处理这种问题,教师就可以举手并向主持人建议,他(她)需要叫大家遵守议事规程。下面是做一名有效的德育活动课程帮手的小窍门:第一,教师要亲身示范尊重的行为。第二,教师要营造一个积极的班级环境。第三,教师不要控制德育活动课程的设计与实施。第四,教师控制自己,不要随便提出建议或解决方案,但可以引导学生。第五,教师对创造性解决问题的程序要有信心。第六,教师要相信学生有能力,在参与讨论后能选择出解决方案,并做出对班级和其他学生产生积极影响的决定。

二、教师的主要任务

教师在德育活动课程实施过程中,不同的阶段有着不同的任务,教师任务完成的好坏直接影响到德育活动课程的实施效果。

(一)早期准备阶段

1.动员准备

德育活动课程的实施动员关键要让学生明确参加德育活动课程的意义、内容及具体实施方法,要全员参与,并注意激发和保护学生的兴趣和热情。

2.工作准备

完成德育活动课程实施的准备工作,即主题准备、主持者准备、德育活动课程方案准备、知识准备、方法准备、资源准备(图书馆、网络、亲身经历等)、人员准备等,这些准备工作应由活动课程实施的管理者(教师或学生主持者骨干等)组织学生完成。

3.组织准备

组织形式多种多样的，可以是小组合作型、个人独立表演型、班级全体和年级以及更大范围合作型。不管采取哪种组织方式，要坚持学生自愿的原则，让小组每个学生主动、积极充分参与活动中。小组一般3～6人，学生自己选组长，确定主持者，聘任指导教师，各小组在实施过程中能分工合作。

4.方案的设计

学生聘任指导教师后，指导教师就是学生进行德育活动课程方案设计的合作伙伴。指导教师通过帮助学生完成德育活动课程方案的设计，从而控制了德育活动课程的进程、方向、方法、质量等关键因素。

（二）中期监控阶段

1.进入问题情境指导阶段

在最初的几次德育活动课程中，教师有作为主持人为学生示范的职责。第二次德育活动课程可由学生主持，采用多种形式，创设问题情境，明确德育主题和目标。目的在于做好背景的铺垫工作，激活学生原有的知识储备，提供德育内容选项范围，诱发学生探究的动机。在实施过程中，学生在主持人的引导下，自我展示，从各个角度去发现问题和分析问题。在这个过程中，教师可以适时地参与到活动中去，成为学生中的一分子，适当地对学生德育进程中的重要环节加以点拨，保持德育活动课程的流畅性和教育性。教师给予学生的主要是方法，要敢于放手让学生表达自己的思想和创新意识，让学生自己亲身经历完整的德育实践过程。

2.实践体验、解决问题、质量监督阶段

这个阶段是由学生自己主持,学生集体参与的实践、体验过程。在宽松、开放的情境下,学生通过实践主动搜集、加工和处理信息,主动参与、积极表现,采取个人表演、小组合作、互动、对话、沟通、讨论、角色扮演等方式展示自我,并从一定的角度认识现实、发现自我、解决实际问题,同时经过归纳整理,逐步形成自己良好的品德,并提高了解决实际问题的能力,增强了自身的社会生存能力。在探讨分析解决实际问题的过程中,学生通常会碰到各种各样的困惑或疑难问题。如果碰到难以解决的问题时,采取逃避的方式,或不按照科学规律办事、弄虚作假,就会导致德育实效的抵消。这时就需要教师及时关心和指导,督促并及时纠正,保证中期德育过程的效果。

3.德育活动课程实施的基本条件

德育活动课程能够实施的基本条件是物质条件、信息条件和人力条件。物质条件是指学校、家庭、社会必须为学生提供德育实践所需用的基本物质,如德育活动课程的场地条件、投影仪、幻灯机、电脑或校外实践活动的其他条件。物质条件是德育实践活动的基本保障,有了基本保障,学生才能在这个基础上去挖掘更多条件。信息条件是指实施德育目标和内容所需要的各类有关信息,包括校内、校外两方面。校内是指学校能提供的信息资料,图书、期刊、网站资源等;校外信息主要指校外相关的信息源头、如各类图书馆、信息中心、德育基地、网络等,指导教师提供给学生信息条件是信息来源的一个方向,由小组成员自主完成对信息进行寻找、选择、处理、分析等工作。人力条件是指与德育活动课程实施有关的人员,这些人员对德育活动课程的实施很有帮助,包括校内、校外两方面。校内包括德育课教师、任课教师、学校德育管理人员等;校外包括德育专家、父母、亲戚等,这些人力条件都可以帮助学生解答许多问题,提高德育质量。

4.小组内部的合作精神

德育活动课程的实施都以小组形式进行,设计活动方案及实施是小组内部的事,互相之间的合作是十分重要的。因此,教师应对这个方面加以关注,要不定期地了解小组内部的情况,及时地帮助组长和主持人解决一些实际问题,树立组长在组内的核心地位。每个组员既要明确自己的职责,同时也要知道在当今的社会里,一个人是不可能完成实施任务的,必须通过组内的分工合作,集体的密切配合来达到实施的最终目的。

(三)后期总结评价阶段

德育活动课程的总结、评价阶段非常重要,是针对主题开展的德育活动的总结和评价。有些经过努力仍得不到满意的结果也是正常的,并不意味着活动的失败,还需要认真总结、反思、才能进步。

1.成果的表达

在这一阶段,教师的主要任务是协助学生要将自己或小组经过德育实践活动、体验所取得的收获进行整理、加工,形成书面材料或口头报告材料,以各种形式表达成果。每个学生建立一份德育成长档案袋,记录自己每次参加的收获成果。

2.成果的交流与展示

这部分的实施由主持人组织学生通过交流、讨论、互动对话,共同分享成果,这是德育活动课程不可缺少的环节。在交流、互动对话中，学生要学会理解与宽容，学会客观地分析和辩证地思考，也要敢于和善于申辩，培养学生分析和解决问题的思维和能力。另外，将成果整理后还必须以口头报告的方式发言，锻炼学生口语表达能力。

3. 总结、评价

在对各个小组的成果进行评价的基础上，教师或参与评价的教师应该对本次德育活动课程实施的结果与方法给予点评，并提出建设性的意见，有利于今后德育活动课程实施的改进。

4. 推广成果、扩大影响

在德育活动课程实施结束后，教师应把优秀的德育活动课程、优秀课件、优秀节目和优秀主持者向学校上报，参加高一级的评选，这样有利于成果的推广和利用，促进学生参加德育活动课程的积极性和主动性。

三、在各实施阶段中教师的主要职责

教师在德育活动课程中扮演的角色多样性，教师的职责也是多种多样的，教师在德育活动课程实施前和实施中的职责作如下总结。

（一）德育活动课程前教师的职责

德育活动课程前教师的职责包括：首先，根据前一次活动中确立的活动主题，主持者和合作小组成员共同设计德育活动方案。其次，准备好秘书用的活页夹和笔。再次，移开课桌围成圆圈或正方形等形式，为德育活动课程布置好场地。最后，让学生清理桌面，清扫地面，布置环境，准备开展德育活动课程。

(二)德育活动课程中教师的职责

德育活动课程中教师的职责有:①像其他任何集体成员一样参与德育活动课程,举手发言。②履行秘书的角色。③注意活动的安全。④在需要的时候提供一些信息,如一些即将发生的事件的日期;学校在某个议题上的教育理念;对某个决定很重要而学生没有意识到的一些因素;学校已计划好的、将影响当前讨论的信息。⑤在必要的时候给主持人提供指导。⑥做出的评论应该有利于维持积极的、有益的活动氛围,如提醒学生问题的结果或解决。

第四节 小学德育活动课程实施的对象

小学德育活动课程从目标、内容、主题设计到实施、评价等各方面都是围绕学生的主体发展来构建的,学生是主题活动的参与者,也是主题活动课程实施的对象。因此,在德育主题活动中,学生是关键因素。

一、学生的角色及其规范要求

德育活动课程中的活动主要是学生自导自演进行自我教育的活动。全体学生都是德育活动中的主体,大家处于一个平等、和谐的共同体中,没有地位、身份的区别,实现了师生互动、生生互动。[①] 在交往活动中,不仅展现了个人的主体性,更在于通过主体间交往的不断整合,在不断的认知和实践中实现

①吴俊升. 德育原理[M]. 福州:福建教育出版社,2011.

了道德的内化和品德的提高。同时,在德育主题活动交往中,通过学生的活动、体验、领会、理解,形成对话、共鸣和共识,这个过程是学生德育观生成的过程,也是学生间的精神共生、共长的过程。学生作为德育活动课程的主动参与者,应遵循以下几个方面的规范要求。

(一)主动参与,认真准备

德育活动课程改变了原有德育课与德育课外活动课的教育方式,将"被动接受型"变为"主体探究型""主体实践型"。在实施过程中,学生必须围绕活动课程主题通过网络、图书馆等手段,进行查阅收集资料,也可以将亲身体验、实践经历的事情作为一手资料去设计一种可行性方案。这是一个探究学习的过程,在活动中勇于向现实世界已有的不良品质和不良现象提出挑战、质疑,认真进行分析、实践,形成社会生存及自我发展所需要的各种品德和处理各种问题的能力。在这个过程中,学生会体会到成功的喜悦感。

(二)自主选择,自行设计

在德育活动课程实施过程中,学生要围绕主题与目标,自主选择、自主设计。所谓"自主"就是学生在德育主题的选择、德育活动方案的设计选择、主持人的选择、德育活动内容的选择、德育活动实施方法的选择、德育实践过程的选择以及小组的形成中都是由学生自己完成的。这可能对于小学阶段的学生来说有一定难度,但可以先在高年级的学生群体中开展,慢慢适应、慢慢进步。德育活动课程改变了过去依赖外部力量来进行德育教育的方式,充分发挥了学生的自主能动性。自主不是不需要外部指导和帮助,但指导、帮助不能包办代替,而是要为学生的自主性创造条件。

(三)全力探究,综合提高

学生积极主动参与,培养发现、分析、处理信息和解决问题的能力,促进学生综合能力的提高。德育活动课程正是体现学生综合能力的活动。学生积极主动参与德育活动课程,可以培养学生发现问题、分析问题和解决问题以及收集、分析和利用信息的能力。德育活动课程通常围绕一个急需解决的实际问题展开,引导学生能够主动发现和敢于提出现实生活中的问题。在活动过程中,通过引导和鼓励学生自主地发现问题和提出问题,设计解决问题的方案,收集和分析资料,运用已有的知识与经验,寻找解决的办法,培养学生整理与归纳、收集与分析的处理信息的能力,逐步形成敢于质疑、乐于探究的积极品质。

(四)感悟创新,合作分享

德育活动课程要求学生充分发挥自己的想象力,独立思考,勇于创新;大胆提出自己的新观点、新思路、新方法;积极主动地去探索,激发探究和创新的欲望,学生的创新思维会得到增强,能够促进创新意识的形成和创新能力的培养。“创造力”是不能教的,只能在德育实践活动中去感悟。小学生还处在心智未成熟的阶段,对任何新鲜事物都充满好奇,通过设计、探究、实践等方式让学生在德育活动课程中去“悟”,即可培养出他们的创新精神和创造力。

合作意识和能力是现代人应具备的基本素质。小组合作是德育主题活动的有效组织形式,这不仅有利于德育活动的开展和发挥学生的特长,更有利于从小培养学生的合作意识和团队精神,使他们在与同伴分工合作、提出问题、制订方案、收集信息、寻找答案的过程中，学会倾听别人的意见，学会表达自己的观点，学会与别人达成一致，学会分享共同的成果等。

小学德育活动课程中学生合作执行小组建立的基本过程有以下几点：①要保证小学德育活动课程健康可持续性地发展，就要根据学生的兴趣、爱好和特长进行分工，成立几个德育活动课程执行小组。每组设立组长负责整个活动的策划、组织和实施；每组选出1～2名学生进行主持。②在组织实施的过程中，对主持者提出了较高的要求。作为主持者，首先，要了解活动的主题，主持过程要紧扣主题、突出主题。其次，要适时引导整个活动的进程。再次，语言组织和表达能力要逐步增强。还有，要了解活动的细节，特别是为了增强活动的趣味性而增设的节目。小组成员根据特长、爱好扮演活动的重要角色；其他学生协助收集资料，参与活动。

在参与准备工作的过程中，除了教师和当值小组的学生负责主要准备工作外，其他学生也必须根据主题收集相关的材料，充实整个课堂，表达自己的心声，提高自我认知能力、组织探究能力和协作能力。

二、德育活动课程不同的实施阶段中学生的主要任务

（一）参加德育活动课程的准备工作

在这一阶段学生的主要任务是：首先，理解德育活动课程实施的意义、德育主题、德育目标、德育目的和实施方法。其次，进行德育活动课程主题的选择、围绕主题实施所必备的资料收集及相关知识和方法的准备。再次，认真进行德育活动课程的方案设计并主动参与到制作、创新组织中去，进而明确德育主题目标的制作，实施、创新方向。

(二)积极投入到德育活动课程的实施中去

在这个阶段学生的主要任务是在主持者的引导下以及教师的宏观指导下,主动参与具体的德育活动的主题探究、分析、对话、讨论、交流、互动中去。

(三)认真做好总结,接受评价

在这一阶段学生的主要任务是认真参与,并提高解决实际问题的能力和创新思维,形成良好自我品德,并将成果进行交流,接受对成果的评价,促进自我道德品质的改善、提高与发展。在德育活动课程中,参加主题活动的每个人(包括教师)都必须遵从一定的规则,以使德育活动课程顺利进行。

三、在德育主题活动过程学生的主要职责

在德育主题活动过程中,学生大体上可以分为主持者和参与者。不同的人在主题活动过程中所承担的职责不同。本着人人参与的原则,每一位同学都应该承担主持者的角色,但在主题活动的起始阶段,主持者的选定仍然具有特别重要的意义。

(一)主持者的选定

在最初的几次德育活动课程中,教师一般有示范主持的职责。几次以后,可以让学生来主持。一般来说,可以从首先要求主持的学生开始,把他们的名字列一张表,然后在这一学期中,让其他学生根据需要,简单地在表上填写自己的姓名。这样我们将发现,如果学生做好了准备来当主持者,那么,主持者这项工作就更少使人感到畏惧或气馁。对这些学生而言,他们马上就会要求当主持者,而对其他学生而言,在他们自愿充当

主持者之前，他们将会喜欢作为成员参加一学期或更多的德育活动课程以熟悉德育活动课程的程序。可以在每学期最后几次让那些还未曾主持过德育活动课程的学生主持下周或接下来几周的德育活动课程。

（二）主持者的职责

1.组织职责

组织职责具体指：首先，成立活动小组，根据活动主题设计主题活动方案和确定表演的项目。其次，将他（她）的课桌留给教师和其他学生围成一圈。第三，等到学生都已坐好并准备开始时，回到主持者的位置。再次，有多余的时间就用来预览主题活动方案和主持稿件。

2.引导职责

引导职责具体指：第一，遵循德育活动课程的步骤。第二，遵循解决问题的步骤和讨论建议的步骤。第三，看着每个发言的人。第四，使讨论不偏离主题。第五，提问并帮助澄清或重新申述问题或观点。第六，归纳各种观点。

3.管理职责

管理职责具体指：第一，开始和结束德育活动课程。第二，使德育活动顺利进行。第三，如果学生违反规程，需提醒他们。第四，像其他成员一样参与活动。第五，讲话的声音洪亮而清晰。

（三）德育活动课程中参与者的职责

德育活动课程中参与者的主要职责有：①活动主题的确定、活动方案的设计。②相关资料的收集、整理。③配合主持者，静悄悄地围成一圈。④等待主持者宣布德育活动课开始。

⑤鼓励主持者。⑥活动过程中，聚精会神地倾听。⑦参与讨论、参与角色扮演等活动，等待主持者召唤，紧扣主题和任务。⑧轮到自由发言时要积极参与，举手发言。⑨遵守活动纪律，其他人发言时安安静静地坐着并倾听。⑩其他发言者发言时要看着发言者、表演者，表示尊重。⑪适当的时候问些问题以澄清论点。⑫说句感谢语或称赞语。

第五章　小学德育活动课程的评价及问题分析

教学评价是检验教学效果以及学生各项能力培养情况的根本途径，通过对课程的评价，可以引导某项教育活动朝着正确的方向发展。教学评价实际上就是建立在目标的基础上所形成的价值衡量。小学德育教学效果评价体系的构建是小学日常德育教学工作中不可分割的一部分，它不仅能够有效提高教学效率，更能将学生培养成为社会真正需要的全能型人才。①

道德教育的过程并不止于实施，还应重视评价。要想提高班级德育主题活动课的有效性，就必须注重对学生的道德评价。在学校教育中，对学生的道德评价不同于语文、数学等学科教育的评价，道德评价不能仅从道德认知上进行，而且还应该结合德行。学生只有把道德认知内化成自己的东西并把它体现在行为上，才能真正算是提高了道德水平。道德评价是人们按照一定的社会道德标准对人的行为进行的评价和断定。在学校教育中，对学生进行道德评价就是依据学生守则、学生日常行为规范、社会的道德标准对学生的行为进行好坏、恰当与否、正确与否的评定，并且通过评定，根据学生现有的道德水

---

①易连云．变革与发展——中小学德育专题研究[M]．重庆：重庆大学出版社，2014.

平，采取适当的方法，提高他们的道德水平。目前我国关于这项评价的研究工作起步较晚，还没有形成标准的教学效果评价体系。因此，在具体评价过程中就需要结合小学教学的实际情况，构建合理化的教学评价体系。

第一节　小学德育活动课程的过程评价

小学德育活动课程的过程评价是一个复杂的评价过程，它没有具体的模式，但是有具体的评价过程和多种评价方案，而这些评价过程和方案都是基于实际需要，抓住基本要素而设计形成的。因此，要清楚地了解过程评价概念以及小学德育活动课程教学过程评价中的三项基本要素。

一、过程评价的概念

过程评价是形成性评价在我国特定教育环境下的衍生与深化。对形成性评价的定义，不同的学者有不同的表述。最早提出形成性评价术语的斯克瑞文认为，评价应该是对教育过程或教育结果价值判断的一个过程，并提出形成性评价与总结性评价都是用来检查诸如成果、过程、工作人员、学生等实体的价值。我国早期以目标为价值取向的测量评价研究中形成性评价指在教学过程中实施的小测验，教师借此获得教学中连续性的反馈，了解学生的学习效果、学习历程、学习特点、学习困难等信息，将之作为改进自己教学的参考。

在 OECD（Organization for Economic Co-operation and Development)的报告中指出，形成性评价是指对学生在学习中取得进步的过程，做出的协作性跟踪评价，从而对学生有一个全面的了解，促进教师教学方法的选择与改进，满足学生的学习需要。[①] 在当前教育改革中，过程评价是针对过往的教育评价只注重对教育结果、学生学习成绩的评价，忽视在整个教育过程中学生获得整体素质的提升而提出的。过程评价与国外形成性评价概念有共通之处，都是要体现对学生发展、教育整体过程的关注，过程评价同时也是对以目标为价值取向的形成性测量评价概念上的一个突破。在对我国教育环境和国际教育理念研究的基础上，我们认为过程评价是秉持以人为本，以促进学生的全面发展为核心，以学生、教师、家长、科研人员、行政人员等多主体参与、共同建构为基础，全面关注学生的发展，体现教学过程的优化、课程的改良等多方面教育价值的一种重视多元性、过程性和情景性为特征的教育评价。

二、小学德育活动课程过程评价的主体

基于以上对过程评价概念的探讨，在小学德育活动课程教学这样具体的教育背景下，我们对主体如何参与到过程评价中作一个分析。

(一)多主体参与评价的决策

评价的决策包括评价的总目标、评价的标准或合理性判断等。评价是对价值做出判断，这就涉及一个评价标准或评价合理性的问题。在以目标为取向的教育评价中，这个问题是不被人重视的，因为在工具理性的支配下，教育目标的地位是不容置疑的，评价目标完全由国家决策者说了算，评价标准就是结

①丁念金．学习过程评价的理念[J]．当代教育科学，2012，(12)：3-6.

果和目标的符合程度。最好的例子就是知识本位的应试教育。但是在人本思潮对价值、意义的反思下,评价需要关注教育中一切有意义的现象,一切有助于培养人、发展人的过程,对好的加以肯定、发扬,不好的加以改良。这样评价的目标要全面地反映教育过程,体现各主体的不同需要,评价的标准也要在客观的基础上体现多元性,因此需要多主体协商、共同决策。在实际操作中,可以依据“科学课标”为过程评价的准则,因为科学课程标准的制订本身就是在广泛的实践基础上和广大师生、科研学者、行政人员共同参与、协商而制订的。但这并不意味着在过程评价的方案制订和实施中,可以不用反思评价的总目标、标准的合理性。每一个参与评价的主体都有责任和义务在实践中对评价的总目标、标准进行反思,即时提供实践反馈意见,切实参与到教育改革的决策中。

(二)评价方案的制订

制订评价方案包括具体的评价目标、评价内容、评价方法等。制订评价方案也属于评价决策中的一项内容,是在符合总目标和评价标准前提下对过程评价的具体化,也为评价的进行而做准备。它也应由多主体参与,但在小学德育活动课程教学这样一个特殊的教育问题或教育环境下探讨过程评价的问题,参与的主体还是有主次关系的,过程评价的主体可以划分为内部人员与外部人员。在德育活动课程教学中,过程评价主要是为学生的全面发展和教师教学改进提供反馈意见,所以他们是内部人员。为了体现对多主体的尊重性,而且切实满足课程与教学实施过程中过程评价发展或完善的需要,我们应在肯定多主体决策的前提下给予学生和教师在评价方案的制订方面的自主性，由他们自主协商，共同制订和完成过程评价。外部人员可以为内部人员提供参考意见或者提供诸如评价样表、调查问卷、测验等各种资源以供参考选择。

（三）评价的实施过程

在评价方案制订定以后，就是具体的实施了，不同的实施方案在设计过程中会选择不同的评价者和被评价者。学生和老师作为德育活动课程中过程评价的内部人员，必然要参与到评价实施的过程中，具体参与方式可以是学生、老师自评或互评等。总的说来，在德育活动课过程评价中，学生和教师是评价的内部人员，在他们共同制订评价方案的过程中可以体现学生和教师的主体性。在实施过程中，即使学生处于被评价者的地位也不会对学生的主体性有影响。因此，评价样表、调查问卷、测验等，都是评价的一种方式，要体现学生主体性地位和以人为本的思想，关键是要让学生参与到评价的决策过程中。

三、小学德育活动课程过程评价的内容与方法

（一）评价内容

评价内容以思想道德素质与其他内容共同组成。从前面的论述，可以认为过程评价可以划分为多个评价过程，这些评价过程可以同时开展，也可以单独开展。根据不同的目的、需要，在评价过程中要选择不同的评价内容从而制订评价方案。在德育活动课程的过程评价中可供关注的内容林林总总、条目繁多，这也正是过程评价让人感到复杂的原因之一。马克思哲学告诉我们，做事情要抓主次、抓矛盾、抓核心，因此，我们对德育活动课程中过程评价的内容做一个主次划分。

1.思想道德素质是德育活动课程的核心

思想道德素质是一个人思想素质和道德素质内在统一的综合体现,是学校德育的主要内容。个体的思想道德素质是指个体在社会交往过程中,通过自我建构而把社会思想道德规范内化为自身基本素养的稳定的心理品质,它既是指思想道德素质个体所具有的从事活动的基本条件或能力,也是指思想道德素质个体在长期的社会思想道德实践过程中,逐步形成和完善起来的思想道德素养和品质。思想道德素质是指人在思想道德社会化过程中经社会教化和个体内化的方式而形成的内在思想道德素养和思想道德品质的有机总和,它是人的综合素质的重要组成部分,是一种内在于个体,使个体能在具体的思想道德情境中按照一定的思想道德行为规范行动的较为稳定的心理品质。

思想道德素质具有以下几个特征:①社会性。思想道德素质作为人的整体素质的一个部分,具有社会性。②相对稳定性和发展性。思想道德素质作为个体社会行为的内在调节机制,是个体做出价值判断和选择、体现在行为上的一种相对稳定的道德品质。③基础性。基础性是指思想道德素质在个体整体素质中所具有的基础作用,是个体其他素质发展的基础。④内在性。思想道德素质是一种内在于个体,使个体能在具体的道德情境中按照一定的道德行为规范行动的较为稳定的心理品质。⑤个体差异性。思想道德素质是内隐于每个个体自身的道德素养和品质。不同年龄、不同性别个体的思想道德素质发展水平也是有差异的。个体思想道德素质的差异性表明道德教育应该做到因人而异,应该遵循个体的成长规律,重视个体的身心发展特点，给予有针对性的教育。

由此可见，思想道德素质的培养并非一朝一夕之事，它贯穿于整个德育活动课程的全过程。思想道德素养的培养不仅是德育活动课程的核心，也决定课程与教学实施中的可供操作的具体目标。而德育活动课程培养目标直接指向过程评价的目标，因此对思想道德素质的评价是德育活动课程以及整个德育过程评价的核心。

2.德育活动课程过程评价的其他内容

德育活动课程过程评价还包括其他多项内容，如课堂教学的实施、课程运作、学生学习参与程度、教师教学手段、教学风格艺术、课程与教学环境等。这里提到的各项内容还可以继续划分更详细具体的内容。根据不同的内容和评价目的，决定的评价指标也是不同的，它们为更全面的反映小学德育活动课程教学过程提供必要的信息。

（二）评价方法

过程评价就等于质性评价吗？过程评价必须要否定考试评分的方式吗？在对评价理论和实际情况的整体思考下，我们认为在德育活动课程的过程评价中仍可应用等级评分的方式实现过程评价，并且还应占有主要的地位。前面已经分析了在德育活动课程过程评价中，思想道德素质的评价是核心，“内容决定形式”，所以思想道德素质的评价方法是过程评价中的重点方法。在对国际现有评价理论的研究中，我们发现，等级评分能够与思想道德素质的评价完美结合在一起，实现过程评价，操作也科学易行。对于是否适应我国国情的问题也进行如下一些分析。

1.对现有过程评价方法的思考

在当前素质教育改革下,课程评价从过分关注学业成绩逐步转向对综合素质的考查,评价方法也由过去的唯分数至上,逐步转向多样化的评价方法,由此,掀起了一股质性评价的热潮,如课堂行为记录、调查问卷、访谈、评语、成长记录袋或学习历程档案等。

在实际评价过程中,大多数教师会采用评价量化表,它需要教师花费大量的工夫去精心设计,但是设计出来之后教师们仍会觉得实用性不强,其主要原因是:第一,操作步骤烦琐,大大加重了教师的工作压力,教师在繁重的教学任务以外还要加上对每个学生繁重的过程评价任务。第二,评价指标、内容五花八门,评价方案通用性不强,教师要想有适合自己教学的过程评价表必须自行设计。第三,评价表中每个指标的设计合理性如何判断的问题。经过教师、学生的自评、互评后,获得的大量评价表的分析过程和反馈结果如何做到科学合理等,都是一个要解决的问题。

基于这种现实情况,在德育活动课程过程评价中,我们需要找出的是通用和方便的方法,让教师在评价后就知道自己在教学哪方面需要改进,学生也知道自己的学习、活动程度如何,还有哪些不足需要改进。但是现在也有一种观点对过程评价有些误解,认为过程性评价是一种质性的排斥考试的评价,如果过程评价中也采用测验的办法,就会又回到应试的老路上去。所以这里有必要对考试进行“澄清”。应试教育并不是考试本身的问题,考试、测验只是一种评价的手段,只有当它与利益相挂钩时才会产生很多的负面作用。测验的方法能够长期在教育评价中存在,必然有它自身的优点。过程评价中,不能将测验的方法全盘否定,我们是要吸取它的优点,避免它的缺点,因此在过程评价中采用等级评分的方法是可行的。此外,在过程评价中也不排斥使用其他的评价方法,因为我们认为的过程评价是由多个不同的评价过程和评价方案构成,它们可以更加全面和彻底地描述整个教育过程,提供促进和改良教育教学方面的信息。

2.新的评价方法与现有评价体系的融合

评价除了有激励、改进的功能外,还有导向的功能。在中国乃至世界范围内的教育中都存在考试考什么,教师就教什么的现象。在新课程改革中,最让学生、家长、教师担忧的问题是考试怎么办,教师该怎么评价的问题。目前我国的评价体系中仍然是以分数为评价的核心指标,如果将过程评价从产生的等级评价分数,也作用于教师的考核与学生的选拔中,这样,教学重心自然就会由结果转向过程,德育课程改革也不会因为分数的指挥棒作用而步履艰难了。

3.新的评价方法能实现评价的三层功能

以等级评分为主,多种方法相辅的质性量化相结合的评价方法实现德育活动课程过程评价的三层功能具体指:第一,为学生的学习提供必要的反馈信息,促进和激励学生学习。第二,为教师收集有关学生学习状况的信息,改进教学,满足不同的学生需要。第三,学校行政人员、国家课程改革人员更为全面地收集教育资料,反映学生的学习状况,提供课程改革、师资培训等方面重要的信息。通过以上的讨论可以看出,德育活动课程过程评价中采用等级评分为主,多种方法相辅的质性量化相结合的方法，既可以与新课程改革标准精神相符，又可以与现有评价体系相融合，是完全具有可行性的，同时，我们仍然需要在实践中加以检验，这样的方法才真正具有价值。

四、小学德育活动课程过程评价模式的发展

在以“大课程论”为理论基础的世界范围内的课程改革背景下，《基础教育课程改革纲要(试行)》作为当前基础教育课程改革的指导性文件颁布后，我国的教育评价主要呈现出以下几个发展趋势。

(一)教育评价主体多元化

在当今人本主义思潮的影响下，评价被视为一个充满人性关怀、充满同情与理解的过程，因此，评价应该致力于对被评价者的理解而不是对被评价者的控制。长期以来，我国的教育评价活动的主体主要是学校管理人员或教育行政部门，是一种单一性的他人评价，作为评价对象的教师和学生则完全处于被动的地位，没有任何主动选择的余地。在新课程改革下，教育评价的一个重要特点就是转变评价主体单一性，即评价主体由单纯的教育行政部门转变为学校管理者、同行教师、学生以及教师本人都可以参与教育活动进行评价。教育评价主体的多元化将有助于从多个方面、多个角度出发对教育活动进行更全面、更客观、更科学的评价，同时改变教师和学生在评价中的被动地位，充分尊重评价个体，促进教师和学生不断地对自己的教育活动和学习活动进行反思，对自己的活动进行自我调控、自我完善、自我修正，从而不断提高教育的质量和效率。

（二）教育评价走向质性与定量方法相结合

科技的飞速发展使人们认为量化才是客观、科学、严谨的代名词。由此测验、分数成为教育评价唯一的工具和手段。然而，教育活动是极其复杂性、多因素的制约的，仅仅用简单的数字来评价教育中的一切现象，无疑会丢弃大量丰富的内容，会背离评价的客观性、科学性。比如在“应试”教育中，仅仅以分数作为一切衡量标准，反而严重影响了对学生的全面评价，失去了评价的科学性和客观性。评价技术和手段的局限性导致任何一种教育评价方法都不可能是万能的，他们都有各自特点和适用范围。因此，在“尊重”“理解”被评价者的前提下，评价应结合实际情况，充分发挥各种评价方法的优势和特长，将定性方法与定量方法相结合，更加真确地反映教育现象，从而使评价的结果更加客观、公正。

（三）教育评价由注重结论转向注重过程

新的教育评价方式要改变只顾结果、目的，不顾过程、手段的评价思路，倡导动态的、过程的评价。随着人们对教育评价目标和功能认识的不断深化，教育评价的内容也日益丰富，不仅要评价教师的教，还要评价学生的学；不仅评价教育活动的结果，也评价教育活动的过程；不仅评价学生在知识、技能、智力和能力等认知方面的发展，还要评价学生在情感、意志、个性、人格等非认知因素方面的发展。只注重结果和结论的评价方式是无法满足这样的要求的，比如在传统的教育评价中，对学生学习知识的评价主要集中在知识的掌握深浅、多少等学生的学习结果上。然而，学习并不是简单的把知识从课本到头脑的复制，而是涉及学生在学习知识过程中获得了哪些经历、体验，学生在学习过程中采用何种思路和方法，学生在获得结果的过程中在个性、品质等方面获得了哪些提高等，这些信息都无法从结果性评价获得。因此，要想全面深刻地对教育现象、教育过程进行评价，必须由注重结论转向注重过程。

（四）教育评价功能由甄别转向侧重发展

教育评价的功能既包括判断甄别，也包括激励、发展、改进。在我国教育评价工作开展初期，着重发挥其甄别功能，主要表现为按评价结果排名次、分档次等。教育评价结果多作为学校教育经费的分配，教师奖金和工资的发放，学生奖学金发放，各级学校选拔人才等的依据。随着教育评价的进一步发展和中国教育事业发展的需要，教育评价的激励、发展、改进功能在各种教育活动中日益显现出来。教育评价的教育性和发展性功能，也通过过程评价和形成性评价，及时向教师和学生提供反馈信息，使他们能够了解教育活动中存在的缺陷和不足，从而促使教师和学生能够不断地改进、完善自己的教育活动和学习活动，使教育活动更好地为学生的发展服务。

第二节　小学德育活动课程的效果评价

教学评价是根据一定的标准对教学效果或学生各方面发展进行系统的调查，在获取足够资料（定性与定量资料）的基础上，做出的价值分析与价值判断，是一种以目标为主要依据的价值判断。教学评价的指标体系是反映整个教学活动过程数量特征的一系列变量名。小学德育活动课程教学效果评价指标体系是反映小学德育教学活动效果的一系列变量名。评价指标体系是小学德育活动课程教学评价的必要条件。

一、国外关于德育效果评价的理论分析

美国德育评价理论以布卢姆的“认知领域目标评价和情感领域目标评价理论”为代表。他认为认知领域目标包括知识目标、领会目标、应用目标、分析目标、综合目标和评价目标。[①]把这种理论应用到德育领域，认知目标就是对学生的道德认知、道德思维、道德判断等方面的知识和能力要求，对德育认知目标的评价就成为对学生道德认知、道德思维、道德判断等知识和能力的评价。在情感领域目标上，他认为人的情感内化过程分为五个层次：接受目标、反应目标、对反应的目标进行价值判断、通过对目标的价值判断从而形成自己的价值系统、将价值系统与自身实际结合成自己的个性。无疑，人们对道德知识的内化也呈现这些层次。

现阶段韩国的中小学德育教学评价理论以德育教学对学生的“道德认知”“道德信念与态度”“道德判断能力”等方面的促进作用为评价对象。同时，对不同阶段的不同课程，评价内容、评价方法、评价要求均有所区别。公民伦理课主要对学生的道德知识、道德判断和道德价值态度以及道德倾向展开评估，评估的方法包括教师个人观察、学生平时行为表现测试，采访学生的文章等。伦理学和思想课对知识、智慧、能力、价值态度和行为倾向进行评价，评价方法包括学生的文章、观察、采访

---

①（美）保罗·布卢姆著，青涂译．善恶之源[M]．杭州：浙江人民出版社，2015.

和各种学生学习方面信息的收集等。传统伦理课的评价内容包括儒家经典的各种术语、准则和理论，以及情感领域中的道德敏感性、道德情感和道德问题解决时的积极态度等，评价方法主要包括伦理教育成果的信息收集、观察、采访、论文等。可见，韩国的中小学德育教学评价理论通过考查学生对道德知识的掌握及内化程度来评价德育教学目标的达成，进而评价德育教学的实际效果。

二、发展性课堂教学效果评价体系

发展性课堂教学效果评价体系是顺应我国当前课程评价改革趋势而建立的一种评价体系。它将“学生的学”作为关注点，将学生在学习过程的表现和学习结果作为评价的重点，以“是否有利于学生的学习”来评价老师在课堂中的具体教学表现，体现“以学论教”的特点。因此，我们可以把它作为小学德育活动课程教学效果评价体系的模板。发展性课堂教学效果评价体系由“教师主导性”“学生主体性”和“教学效果”三个评价项目构成。

（一）教师主导性评价

教师主导性的评价指标包括教学目标的设定、学习环境的创设、学习资源的利用、学习活动的指导和教师素养等五个方面，分值为40分。教学目标设定的评价要点包括教学目标准确具体，可操作易落实，与学生的心理特征和认知水平相适应等，分值为6分。学习环境的创设以是否有利于学生的身心健康的发展和教学目标的实现为评价要点，分值为6分；学习资源的利用主要从学习内容的选择与处理、学习材料、教学手段、教学课件等方面展开评价，分值为8分；学习活动的指导的评价要点包括问题情境的创设、学习活动的评价方式、学习的针对性指导、平等参与机会的创设等，分值为10分；教师素养的评价内容包括教师对教学重点和难点的把握、课堂调控能力、课堂的精神状态、语言表达、板书等方面的展开评价，分值为10分。

（二）学生主体性

学生主体性通过学生参与教学活动的态度、广度和深度三方面展开评价。学生参与教学活动的态度，评价分值为5分，主要考查学生学习目标的明确性、对问题情境的关注度、学习的主动性与热情、主动解决问题的积极性。学生参与教学的广度，主要考察主动参与学习活动的学生的人数、方式、时间等情况，评价分值为15分；学生参与教学活动的深度，则看学生能否提出问题或发表独特的见解，能否按要求正确解决问题、正确操作，能否倾听他人发言，协作讨论，评价分值为10分。

（三）教学效果评价

教学效果的评价是对"学生参与教学活动的效果"进行评价，评价指标包括教学目标的实现程度、每个学生的学习的收获程度、教学效果的突出程度，分值为30分。

三、小学德育活动课程教学效果评价体系的构建

（一）小学德育活动课程教学效果评价模式

目前，德育教学效果评价有两种模式：①"统一标准"模式。该模式用同一套评价体系对小学各种类型的德育活动课程的教学效果展开评价。大多教学评价理论都采用该模式。②"分类别"模式。该模式针对不同的活动类型，采用不同的评价方

法。“统一标准”模式采用一套评价体系对各种类型的德育活动课程进行评价，操作方便，但难以体现不同类型活动课程的特色。“分类别科”模式针对不同的活动课程类型设置不同的评价标准，能更准确评价和活动课程的教学效果，但操作起来较为繁杂。由于小学德育活动课程类型多样，若采用“分类别”模式，需要建立多套不同的教学效果评价体系。采用“统一标准”模式，则只要在体现不同类型活动课程教学特点的同时设置一套效果评价指标体系即可。为了操作的便捷，我们选择采用“统一标准”模式。

(二)小学德育活动课教学效果评价体系构成要素

教学评价体系一般由评价项目、评价指标、评价要点三级评价指标及相应的分值构成。那如何确定小学德育活动课教学效果评价体系的各级评价指标呢？我们以“发展性课堂教学效果评价体系”为模板，在小学德育活动课教学效果评价现有的研究成果的基础上，结合小学德育教学的具体特点，建立小学德育活动课教学效果评价指标体系。

1.评价项目

该体系的评价项目分为教学过程和教学结果，教学过程包括教师的主导性和学生的主体性。

2.评价指标

与“发展性教学效果评价体系”相比，新构建的效果评价体系的评价指标有几点变化：首先，教师的主导性方面，将“学习资源的利用”分解为“教学内容选择”与“教学方法与手段的运用”。这使得评价指标更细致、明确，使得评价体系的操作性更强。其次，教学效果的评价指标变化较大。一是从教师的角度评价德育教学效果，评价指标有德育目标的达成、课堂氛围和每个学生的收获。二是从学生角度评价德育教学效果，评价指标有生动有趣、易懂和有用。

3.评价要点

与“发展性教学效果评价体系”对比，新评价体系主要对增加或变化了的效果评价指标制订评价要点。

教师主导性方面的评价要点：①教学内容的选择。符合学生的特点与实际，易懂、实用，容易激发学生的学习兴趣；突出重点，抓住并解决难点。②教学方法、手段的选择与运用。教学方法和手段多样化，有利于教学重点和难点的突破，有利于师生互动和启发学生思考，为学生接受和喜爱。

教学效果方面评价要点：第一，课堂气氛。课堂气氛轻松、活跃而有序；师生精神状态良好，关系融洽，教学交流顺畅。第二，教学德育目标的达成。完成预期教学任务；老师解决问题的灵活性强；学生对老师教学讲解反应敏锐。第三，学生的课堂收获。学生学习兴趣及维持时间；德育知识的理解及识记；观念的认同及坚信；行为及习惯的改变；良好习惯的形成；道德素质的提升。第四，有趣。语言幽默风趣，内容新鲜，教法符合学生的年龄和心理特点，容易吸引学生的注意力。第五，易懂。教学内容为学生所理解、接受和认同。第六，有用。教学内容联系生活，对学生的生活和工作产生积极有利影响。

四、开展小学德育活动课程教学效果评价的建议

道德教育的过程并不止于实施，还应重视评价。提高小学德育活动课程的有效性，就必须注重对学生的道德评价。在学校教育中，对学生的道德评价不同于语文、数学等学科教育的

评价。道德评价不能仅从道德认知上进行,而且还应该结合德行,只有在学生把道德认知内化成自己的东西并把它体现在行为上的情况下,才能真正算是提高了道德水平。

(一)评价者可以多样化

目前主要由教师、学生组成评价团体,教师一般由任课教师组成,学生则是不固定的,既可以由从班委组成动态小组进行评定,也可以让人数不等的其他同学组成小组进行评定。学生的品德可以反映在各个方面,学生在学校中的表现只是其中的一个小方面。另外,学生的行为受家庭影响比较大。因此,为了有效提高学生的道德水平,学校和家庭之间应更加紧密联系。现在教师和家长都可以通过家校互动进行联系,但联系的内容大多围绕学生的学习成绩,很少涉及学生的道德品质。学校里只有班主任会和家长沟通学生的品行,但这沟通一般只限于学生在学校中的不良行为,对于学生深层次的道德表现等教师和家长沟通的依然很少。因此,为了有效提高班级德育主题活动课的德育效果,教师和家长应该对学生的德行方面加强沟通。这样做有许多好处:首先,教师可以了解主题活动课的德育效果有没有使得学生的品德也在家庭中表现出来,是否做到在家里和在学校行为保持一致。其次,家长可以了解学生在家里的表现,从而和学校同步提高孩子的综合素质。现在大部分家长已不仅仅注重孩子的学习成绩,还注重对他们进行全面培养,使他们将来能更具有竞争能力。家长和学校多接触使得他们更了解孩子,从而更好地培养自己的孩子成为一个有能力的令人钦佩的德人。再次,教师和家长的共同参与,可以使大家的道德教育步调协调一致,便于制订有效的道德计划,能更好、更有效的达到德育目标。学校和家长的脱节，通常造成教师和家长对孩子的培养的冲突，低年龄的孩子无法理解这种冲突，更无法解决这种冲突，久而久之他们就不知道该怎么做才是对的。学校和家长在德育目标上保持一致的态度可以避免这个冲突，让学生能把良好的行为一贯而为，从而有效提高道德水平。

（二）评价标准层次化

不同学生的道德水平不一样，在一个班级中，有的学生本来就道德境界比较高，有的学生道德素质却相对较低，那么对所有的学生若按同样的标准进行道德评价是不恰当的。采用高标准对学生进行评价，那么对于道德层级比较低的学生而言，达到那标准遥不可及，会让他们缺乏了提高道德水平的动力，因此应该采用低标准对学生进行评价。那么对于道德层次比较高的学生而言，标准很容易达到，他们也就缺乏了提高道德水平的刺激性。由于动力和刺激都是能够提高道德水平的因素，因此为了有效提高班级德育主题活动课的道德教育，采用的评价标准应层次化。对于那些上课不积极参与的学生而言，可以从积极性方面来评价他们，在他们能积极参与班级德育主题活动时，应对这些学生的行为进行鼓励，认可他们的努力。对于那些道德认知能力比较低的学生而言，可以从道德知识上进行评价，若他们的道德认知能力有所提高，那么班级德育主题活动课对他们来说也是成功的道德教育；对于那些只注重知不注重行的学生而言，可以从内化践行方面进行评价，只要他们把所学到的道德知识内化成自己的东西并能转化为行为持之以恒，那么班级德育主题活动课就是有效的；而对于那些本来道德素质比较高的学生而言，就应该以德育活动课程是否提高了他们的自我道德教育能力为标准，使他们具备能自己发现自身的道德问题及需要、随之加以改进并实施、提升自我的整体素质的能力，这样班级德育主题活动课才是有效的。因此，为了刺激和鼓励不同的学生都能在原有水平的基础上进一步提高自己，那么应避免采用统一的标准对不同的学生进行评价，而应对不同水平的学生分别采用不同的评价标准，以此为动力促进他们道德水平的进一步提高。

（三）评价方式灵活化

小学德育活动课程教学效果评价不应该只通过认知考试来决定，而是要结合平时考察来决定，根据学生平时的表现对学生进行评价。学生的表现不受时间和空间的限制，课内与课外、校内与校外等都有学生道德行为的表现，学生的道德行为既有有意识的也有无意识的、有暂时的也有长久性的，教师对他们的评价不能单靠一次行为而应综合考虑其行为进行综合评价，评价方式不应固定于某一种形式，对于学生好的行为予以肯定、对于学生的进步予以鼓励、让学生展示他们的德育活动成果、让学生之间互相汇报自己的德育心得体会，采用多种方式进行评价，让同学们之间互相分享好的行为、一起反思不好的行为并互相互勉，从而激励和鼓舞其他同学。

利用德育活动课程对小学生进行道德教育的目的主要是通过让学生亲自参与整个过程，通过活动调动他们的积极性，引发他们的情感共鸣，内化所学的知识并付诸实践，从而提高道德水平。学生的品德不是一蹴而就，也不是仅通过外在行为就能评价的，在对小学德育活动课程教学效果进行评价的时候还应注意以下几点:①保证评价的合理、公平。每个学生都想要得到老师公平的对待,对于老师给的每一个评价,他们都看得非常重。在实际教育中,为了提高班级德育主题活动课的德育效果,我们应有一个合理、公平的道德评价,教师在评价学生的时候应公正地对待每一位学生,不戴有色眼镜看他们。不论成绩高低、能力强弱,根据学生的实际情况,采用合理的标准,实事求是、公平的评价学生。②注重评价的阶段反思。班级德育主题活动课的德育效果评价不是单指期末的终结性评价,而是应注重对学生日常的行为进行总结和反思。学生在日常生活中有很多行为,对行为进行反思也是一种教学手段,通过学生对自己行为的反思和总结、教师对学生行为的看法和建议,让学生发扬值得推崇的行为,改正不良品质,以反思促进自身道德水平的提高。③评价的透明化。教师把评价的过程、理由公开,这样既可以保证评定过程的公平、公正,又可以让学生知道哪些方面是自己的长处,哪些方面自身还需要进一步改进以及如何做到扬长避短。由于道德的评价很难像语文、数学等学科那样,通过考卷让学生知道自己的优点和缺点,道德评价不能让学生通过做题了解自己的品德,因此在对学生进行道德评价的时候,教师应让评价透明化,让学生明白自己有哪些地方值得去发扬,哪些地方需要进一步改进,这样就能对症下药,提高班级德育主题活动课的有效性。④区分学生的偶然道德行为和真正道德行为。为了取悦他人学生会故意做出投别人喜好的行为或者学生会做出一些体现优良道德品质的无意识行为,面对这些情况,教师就应该区分偶然道德行为和真正道德行为的区别。⑤动机和效果相结合评价。对道德行为进行评价的难处在于难以区分道德行为是否出于真心，有些学生表现出优良品行但他的初衷并非如此，有些学生本意出于善但结果却产生不良影响，所以教师在对学生进行道德评价的时候要把动机和效果相结合起来进行评价，既要考虑学生的行为动机，又要考虑他的行为结果，这样才能全面评价学生的道德水平，正确评价德育活动课程的教学效果。

第三节 小学德育活动课程常见问题分析

处在21世纪社会极速发展变化和社会转型时期的小学生，他们的思想道德状况总体上呈现出主流稳定、进取务实和健康向上的态势。社会对德育活动课程的实施普遍表示欢迎和支持的态度，认为其对于孩子的健康成长发挥了一定的作用。但是仍有一些发生在德育活动课程中的常见问题，下面进行一一探讨。

一、学校和家长对德育活动课程的作用认识仍然不足

小学德育对小学生的成长和全面发展有重要的作用，主要有思想导向、品德塑造和性格优化作用。小学德育活动课程是实现小学生思想品德教育的培养目标的重要途径之一，从个体的道德成长来看，对小学生思想、品德、性格的形成起着重要的作用。小学生能够通过参与德育活动在协作和交往中调整对自身行为的认识，培养和强化他们的团结协作精神和集体主义思想。当前小学德育活动课程的实施尚不能适应形势的需要，

存在认识上的不足和工作上的薄弱环节，对培养什么人这一根本问题有所忽视，理论与实践结合不够紧密。学校对德育活动课程的作用认识不充分，这主要反映在小学对德育活动课程计划的缺乏方面，有多数学生不知道学校的德育活动安排，只有少数的学生知道。大多数小学没有制订本学年关于德育活动课程的计划，而是把全部课程安排为德育课堂讲课形式，有个别学校在把活动课程正式纳入课程体系时，只是轻巧地把先前课表中的“课外活动”换成“活动课程”。学校老师对德育活动课程的重视不够，德育活动课程的实践探索也没有完全达到学科课程发展的要求，无法满足小学生的需求，这些都反映了学校对德育活动课程有一定的忽视。

造成学校对德育活动课程的作用认识不足的原因有以下两个方面：一是重“智”轻“德”，重视成绩而忽视动手能力的社会认知依然未发生根本改变。[①] 社会、家庭对学校德育活动不重视、不合理的期望影响到德育活动课程的正常开展。在目前学生升学或择校时都是以学科考试成绩作为主要的依据，没有将学生品行能力水平纳入考核范围的情况下，德育活动课程依然不被学校、家长重视，依然只单纯以学习成绩评价孩子。可见长期以来，社会、学校以及家长等都是以学生学习成绩衡量教师、学校教育质量，以分数评价学生发展好坏，考试成绩“一分值千金”，而品德行为则不计在分数范围内。在这种导向下，德育在定位上只是教师教、学生考试。教师只是把德育简单地当作一门学科来教学，在教学效果上追求分数，忽视了在道德理念方面的教学。学生也只是采取简单的记诵方式，把提高分

①王鹏华．德育活动课程目标及内容体系的建立[J]．新课程·中旬，2019，(7):309.

数作为自己追求的目标。这样德育教育就难以发挥其应有的教化功能，导致学校、家长对德育活动课程的作用认识不到位，德育活动课程被人们忽视。二是人们对德育课程设置的理解有关系。一直以来，我国的德育课程设置都是以学科课程为主，这种课程设置主要的特点是以“教学为中心”，以“课堂为中心”，以“书本教学为主”，是一种静听式的教学。长期在这种教学模式之下，学校将德育评价和智育评价相混淆，检查德育效果也是通过期中、期末考试的方法进行，考试的内容通常也是课本上的道德知识，将道德的学习等同于知识的学习。在德育课程设置上，没有突显出自身的独特性。大多数小学还是学科教学为主，考试方式也遵照学科教学的考试来进行，这些都体现了人们对德育活动课程作用的认识不足。

二、德育活动课程内容选择单一

小学德育活动课程内容是指围绕小学德育课程目标，在课程实施中采用什么样的活动形式以及内容安排。它是实现课程目标的手段，直接指向“应该教什么”的问题。德育活动课程内容的优劣直接影响到德育活动课程实施的效果。小学生刚入学时对参与德育活动的积极性和热情都比较高。同时，小学历来就不缺乏德育活动，如清明扫墓、雷锋纪念日、世界读书日等活动，但还是有学生觉得德育老师安排的活动课程吸引力不够，其很大一部分原因是学校每一年的德育活动只是固定的那几种形式。小学德育活动课程刚开始对学生较有吸引力，但是时间一长由于形式的单一没有创新，大部分学生丧失了对德育活动课程的兴趣。

没有对活动的内容进行创新是德育活动课程内容比较单

一的原因之一。在小学教育教学中,德育教育经常用政治思想教育来代替。学校德育活动课程偏重于以往的革命道德,对传统美德、公民道德和社会公德的重视不够,如助人为乐、诚信意识的培育等。在德育活动课程的内容安排上忽略学生的个人品质,从德育活动的单一角度、单一关系来对待德育活动课程,因而造成德育活动课程的感染性与影响力降低。同时,学校组织德育活动缺少与校外德育机构的联系,相互交流不足。

德育活动课程内容脱离实际,也是导致德育活动课程内容选择单一的原因。学校在开展的德育教育中,德育活动课程内容脱离实际主要表现在两个方面。一方面是与小学生实际有相脱离的倾向,忽略了学生个性心理品质的培养和日常行为规范教育,忽视了学生存在的实际问题,例如网络道德问题、成长问题等。另一方面是脱离现实的倾向,作为传统德育活动,曾在一个时期内发挥过独特的教育作用,然而现在的学生面对着的不仅仅是校园,更有许多复杂的场合。随着社会的发展,小学生将会在“考场”“商场”“官场”“亲场”等几个“场”构成的生活环境中看到许多与德育规范不符的现象,但是德育活动却很少将现代生活中的这些现象纳入活动内容中,并借此活动引导学生应该怎么面对这种局面。

德育活动课程作为一门课程,有着自身的规律。根据德育活动课程的特点,在德育活动课程内容安排时,应该在德育活动课程实施中遵循主体性原则、创新性原则、灵活性原则和实践性原则等,必须通过德育活动课程的实践,科学安排德育活动内容,来开发和调动学生的主体性。但是,我们可以看到,在很多德育活动课程的内容选择上,并没有完全尊重学生主体性地位。活动的组织者通常是自上而下的组织，缺乏与学生的有效沟通，忽视小学生这一主体，将想当然认为“重要”和“符合学生实际”的内容强加于学校德育活动内容。比如有些学校的德育活动的计划庞大，如一个学期一定要开多少次主题班会、主题队会，请名人做多少次报告，组织多少次参观、访问、调查等，但通常忽视了对学生主体能力的培养，在这方面仍需加强。

三、德育活动课程组织管理松懈

在德育活动课程实施过程中，良好的组织管理是保证。小学德育活动管理模式基本上是三级德育活动管理模式，即校级（正副校长）、中层（政教处或德育处）、基层（班主任或辅导员），这样一个三级德育活动管理层次的模式，也是基本适合目前小学发展的实际情况。但是在实际的运行过程中，我们发现德育活动课程实施的组织管理存在松懈现象。

德育活动管理部门与德育工作者之间的互动机制有待加强，学校德育活动管理组织之间的协调性也有一定的缺乏。不同的德育活动管理者在不同的管理层次上运作，有时德育活动开展的统筹不够完善。某些学校对德育活动课程管理较为松懈，对活动课程教学要求不够明确；在实际组织活动中，有时会出现责任落实不到位的情况，部门之间互动机制不健全，执行部门就要浪费很多时间去协调各个部门的工作，或向校级领导请示汇报，这就会对德育活动课程实施的效果产生一定影响。许多学校在设计和组织德育活动时，过多地考虑德育任务是否能够完成，活动是否达到规定要求，而容易忽视实践活动是否对学生产生德育效果。这样的德育活动课程忽视了活动本身目的，容易致使德育活动主体的错位，学生也容易把活动当作不得不完成的任务。由于学生对活动的参与并非自觉自愿的，因此会不利于学生德育养成，难以实现正面教育的价值。

传统的德育的考察方法已经难以适应活动性的课程评价，由于德育活动课程设立的时间不长，所以新的评价体系尚未完全建立起来，初步建立的评价体系的可操作性还有待在实践进行检验。评价标准、评价指标较为抽象、评价手段单一等，都不同程度地影响到评价结果的可信性，进而影响到德育活动课程的进一步开展。

四、德育活动课程的实施上存在师资和经费双重限制

小学德育活动课程的实施过程中，有一支高素质的德育教育队伍，是提高德育活动课程实施的实效性的关键。从德育活动课程的准备、学生获得参与德育活动的能力、整个德育活动能够逐渐地向前推进到德育活动结束后的反思，这些都是德育活动课程取得成效非常重要的环节，这些都需要教师的指导。

在实际教学中有一些德育老师坦言，担任德育活动课程的教师以兼职为主，一些兼任德育活动课程的语文或数学教师通常把本应是学科课程以外活动课程改成"语文课"或"数学课"，把德育活动课改为学科课的补课或做作业，这在很大程度上违背了开设德育活动课程的初衷。这是与师范教育体系设置有极大的关联，在师范教育体系设置中，教师教育通常都是与原有基础教育课程中的学科体系相对应的，每个教师都被贴上了学科的标签，而只有部分小学德育教师是科班出身，多数德育教师为兼职或转行，他们对德育活动课程有一种畏难的心态。同时，现有的教师教育培训内容中，未将活动课程的教师培训纳入其中，现有的即使政教专业毕业的教师也不一定受过

活动课程教学的培训。因此,在德育活动课程实施中,通常没有明显体现出不同年级学生的层次性和连贯性,未能很好地适应不同阶段学生身心发展的要求,对德育活动课程的实施无法很好地进行把握,课时也难以得到保证,教学质量也会存在相应的问题。

伴随着改革开放,信息技术在我国被广泛应用,数字化技术的使用在人们日常生活中日益凸显,如在德育活动中组建班级微信群、QQ群等,这有利于加强班级同学集体主义精神与合作精神,但是有些德育教师观念没有做到与时俱进,缺乏对新技术新知识的接纳,德育教师的网络信息运用能力比较薄弱。

此外,学校组织实施德育活动也需要一定的经费作支撑,很多学校实施德育活动课程还受到经费问题的制约。有一部分学校办学经费不宽裕,经费的不足导致无法建立电脑多媒体教室,无法运用现代教育技术来丰富德育活动课程的实施。有些学校甚至连必要的教学器材费用都难以保证,即使有少量办学经费,学校领导很难把它用在德育活动上去,而采取向学生收费这种措施也没有相关法律依据支持,同时收费无疑也会加重学生家长负担,因此想要走进社区或德育基地对某些学校来说具有一定难度,没有经费一切只能是设想。总之,小学活动性德育课程的实施受到师资和经费两个方面因素的限制。

第六章 小学德育活动课的发展趋势

追寻道德教育的理想化状态是德育改革的终极目标。随着全球化的纵深发展,每个国家都在积极地更新着各自的道德教育理念,改变着不理想的德育模式,以便能更得心应手地适应人与社会的不断发展。教育为人类带来了文明的火种,也在源源不断地为社会的发展输送着人才。从早期教育家们对理想教育的探寻,到后继者对个体全面、自由发展观念的提倡,教育始终伴随着社会的不断变迁,并以不断地反思与突破来寻求与社会发展的和谐。道德教育是教育领域中指向个体和谐发展的教育,德育活动课程也在教育的改革与发展的轨道中,以自身的变革来寻求与社会和谐共生的契合点,背负着和谐社会赋予它的全新的历史使命。

第一节 树立德育科学发展观

德育毫不例外地要坚持科学发展观,德育科学发展观是科学发展观的重要组成部分,德育活动课程作为德育的重要表现形式,更应该树立符合现代社会发展需要的德育科学发展观,明确德育发展问题的观点和看法。德育活动课程只有将自身发展问题解决好，才能进一步为社会的和谐发展起到推动的作用。影响德育活动课程自身发展的问题主要集中在德育与其他各科教育以及德育内部诸要素之间的关系问题上。[①]

一、树立德育科学发展观是时代的要求

改革开放以来，我国德育工作取得了一定发展，但也不可否认还存在许多问题，造成的原因是多方面的，但首要的原因是德育发展观相对滞后，一些地区学校领导思想观念由于受传统发展观的影响，跟不上时代的步伐，德育活动课实效性不是很理想。学生的思想道德状况与社会发展需要之间的矛盾，即德育基本矛盾，没有得到很好的解决。所以，摆在学校德育面前的任务是艰巨的。面对各方面的挑战，德育活动课程想要摆脱困难，走出一条新的发展之路，关键是要树立德育科学发展观。

面对经济全球化、政治多极化、文化多元化的新形势，国家教育部一再强调学校要加强精神文明建设，加强德育要“两手抓、两手都要硬”，但实际上传统发展观对德育的影响，并没有彻底消除。在有些学校德育工作落实力度不够，实质性的创新也有待加强，注重短期效应，缺乏德育活动的持久性，再加上一些主观因素，如学校德育经费欠缺、德育师资水平参差不齐等问题都对德育效果造成影响。社会全面、协调、可持续发展归根结底在于人，而人的思想道德素质是人的根本素质，是人的精神所在，就像人体的中枢神经支撑着生命一样。一个国家和民族的思想道德素质不高，就容易失去存在和发展的希望。我

①吴炳阳．浅谈科学发展观指导下的小学德育工作[J]．商业文化（下半月），2011，(1)：218.

国学校德育所承担的任务就是提高学生的思想道德素质,培养社会主义现代化建设所需要的有理想、有道德、有文化、有纪律的“四有”新人。从现实来看,学校德育活动课程在思想道德培养方面还存在一定问题,德育工作必须彻底抛弃旧观念,树立新的科学发展观,才能使学生实现从“合格的学生”到“合格的公民”再到“合格的接班人”转变。重视德育工作是我国优良传统,科学发展观指明了德育发展方向,广大德育工作者要站在战略的高度,纵观全局,改变不合时宜的旧观念,顺应历史潮流,遵循社会发展规律和人的本质要求,树立德育科学发展观,并将这一观念落实到德育活动课程的具体开展中,把德育工作推向一个新阶段。

二、正确认识德育科学发展观内涵

德育科学发展观是关于德育发展问题的基本观点和看法。有什么样的社会发展观,就有什么样的教育观,客观上两者是统一的。我国确立了以人为本,全面、协调、可持续的科学发展观,那么,我国德育从实际出发,充分体现其本质和要求,赋予德育科学发展观以全新内涵。

(一)德育科学发展观以高效益发展为前提

所谓效益,就是“主体行为活动所追求的有益于实现预期目标的成果”。德育效益就是德育主题活动力求以一定的投入和消耗取得有益于德育目标实现的最佳德育效果。经济活动讲效益,德育活动也要讲效益,任何特定目标的社会实践活动都必须讲求效益,“效益就是生命”。我国德育目标是为社会主义现代化建设培养“四有”新人。一切德育活动都要围绕这一目标、努力实现这一目标进行。德育效益与经济效益不同,经济效益可以通过各种指数反映出来，而德育效益是通过人的思想发生积极变化反映出来的。每一项学校德育活动从内容到形式力求在学生的思想中产生一定影响，打下烙印，受到启迪，并在自我实践和社会实践中去体悟，逐渐转化为自己思想品德的一部分，从而规范和指导自己的行为，这样的活动才是有效益的活动。现在学校德育活动追求形式功效严重。德育作为一种特殊的实践活动，有其自身的活动特点，必要的形式应该有，不能否定，但不能脱离实际，不能过于追求形式，把德育活动看成是虚的东西，也不能只注重表面轰轰烈烈、热热闹闹，忽视实际效果，把德育的工作成就与活动开展多少次，多少学生参加，场面有多大等数量化的事物等同起来，要杜绝目的不明确，一过了之，效益很低，甚至没有效益的活动，避免造成人力、物力和财力的浪费。

学校德育活动课程应追求低成本、少投入、多产出、高效益，合理利用资源，这是科学发展观的基本要求。德育要发展，就必须坚持效益为先，将形式和内容、数量和质量、投入和产出统一起来，求真务实，在效益上下功夫，克服形式主义。没有效益的量化增长，不是真正意义上的发展。学校德育活动的一切工作都要以学生全面发展为宗旨，从学生的思想实际出发，做到满足学生的精神需求，满足社会发展的需要。否则，德育就会失去生命力。因此，我们必须树立德育效益理念。

（二）德育科学发展观以协调发展为核心

德育协调发展是指德育与社会政治、经济、文化等各领域之间以及德育内部各要素之间相互适应、相互促进、良性互动的关系。我国思想道德状况与经济发展不协调，出现了所谓

“二律背反”现象，与人民群众日益增长的精神文化需求不协调，与经济全球化的国际形势不协调。传统的发展观所暴露的弊端已表明，社会思想道德状况不佳会影响到经济和社会发展的动力和活力，经济和社会的持续发展也会因精神层面支撑的力度不够，而后劲不足。因此，必须树立德育协调发展观念。

德育科学发展观应统筹协调各方面因素，以和谐发展为核心。首先，德育与经济、政治、文化要协调发展。我们讲的发展，是物质文明、政治文明和精神文明的协调发展，具体说是构成这三种文明的各要素之间的协调发展，即社会主义经济、政治、文化、科技、教育等的协调发展。德育是教育的重要组成部分，是根本性教育，它的目标和任务与精神文明建设相一致，是精神文明建设的重要内容。作为一种教化模式，德育是实现精神文明的途径和手段。因此，德育要与经济、政治、文化发展相适应，互相促进、共同提高，促进物质文明、政治文明和精神文明协调发展。其次，德育与智育、体育、美育要协调发展，教育方针要求教育要面向世界，面向未来，面向现代化，培养有理想、有道德、有文化、有纪律的社会主义现代化的建设者和接班人。明确了学校的办学方向和任务，学生要具备德、智、体、美等各方面的基本素质，才是合格人才。学生既要学习好，身体好，更要思想品德好。在德育、智育、体育、美育几方面中，德育是根本，处于首要地位。要树立德、智、体、美几方面协同发展的观念，培养高素质的“四有”新人。最后，德育内部各要素之间要协调发展。德育自身内部各要素之间要协调一致、良性互动，是德育发展的内在动力。内因是事物变化的根据。如果德育各要素在统一体内能够相互包容、协调运作，良性转化，德育就会富有生机和活力并迅速发展。如果这种和谐依赖的关系被打破,内部冲突和矛盾加大,就会陷入危机之中。学校德育作为一个系统,其内部各要素的协同保证了该系统功能最优化地发挥,同时各要素间的协调运作也为系统的健康运行提供了良性支持,以此来保证德育能够和谐、稳定、富有生机地发展。如果德育系统内部的这种协调运作关系被打破,来自内部的矛盾冲突就会让德育的发展步履维艰。一直以来,我国学校德育学科课程的目标和教学内容的设置就偏离学生的身心发展实际,如德育目标与德育内容之间矛盾较大,德育内容为德育目标服务。确定什么样的目标,就要组织什么样的教育内容,支持目标的实现。在小学对学生进行集体主义、共产主义的道德教育,而在大学则对学生进行浅显的日常道德行为规范的教育。在德育目标的设置上如果过于理想化,追求“高、大、全”,再加上德育的途径与方法的单一和陈旧,德育内容不贴近现实生活,更新的步伐没能跟随上社会道德现实的变迁,这些都会阻碍德育的发展,使其长期处于“低效”或“无效”的境地。我们的德育内容更新缓慢,大、中、小学德育内容出现重复、颠倒现象,出现对大学生进行日常行为品德教育,对小学生进行社会主义和共产主义品德教育的状况,没有结合实际进行教育,制约了德育目标的实现。此外,德育的主体与客体之间,自律与他律之间,作为德育活动课程主渠道的学校课堂与社会课堂之间,社会对个体的道德要求与个体自身的道德需要之间均存在着不和谐的因素,这与我们缺乏协调观念有直接关系。要纠正这些不和谐,就要正确认识德育发展规律,还必须要先从内部协调好各要素的关系,顺应德育自身的发展规律,以德育协调发展为核心。

(三)德育科学发展观要以人和社会的全面发展为宗旨

全面是相对于片面而言的,传统发展观的局限性在于只强调“一点”。而科学发展观重视全面发展,一是人的全面发展;二是社会的全面发展。德育与其他各育要“兼容并包”。在前面的论述中曾经提到,德育培养目标经历了从“接班人”到“合格公民”的变迁历程。无论是“接班人”也好,抑或“合格公民”也罢,都对学生综合素质的全面发展提出了要求。学生不仅要有丰富的知识,还要有强健的体魄、过硬的心理素质以及良好的道德品质。这些均依赖德、智、体、美等各育的联合教育才能起效。德育位于学校诸育中的首位,只有让德育活动与其他各育同舟共济,才能发挥德育的最大功效。而目前,学校道德教育成效不明显的一部分原因就在于德育活动课程与其他各育之间存在疏离现象,既分散了教育的合力,也打破了德育应有的整体性。因为道德教育本质上是一种完整的教育,包含对人格的塑造和是对生命的引导,这种教育是不可能离开智育、美育等其他各育的。它必须依托其他各育而存在,以之为载体,而且其他教育也应该渗透着道德教育。

第二节 构建和谐的道德关系体系

教育改革也是建设和谐社会的重要内容,而德育则是教育改革中极其关键的部分,不容忽视。当前小学德育工作仍普遍存在目标理想化、缺少层次性,内容泛化、缺少针对性,方法简单化、缺少多样性,评价概念化、缺少科学性的问题。和谐社会发展观对学校德育教育有了新的要求,我们必须大力增强小学德育目标的实效性、德育内容的针对性、德育方法的多样性以及德育评价的科学性。

在和谐社会的实现过程中,和谐德育的理论也应运而生,成为理论界的又一崭新课题。和谐德育是和谐社会理论指导下的德育建设理论,是促使和谐社会实现的必要准备和前提。研究和谐社会中的德育建设问题在当前有着重要的现实意义。[①]

一、构建和谐的道德关系体系

以人为本与以社会为本是有区别的,这涉及在德育视角中人是客体还是主体,主题客体是否统一的根本性问题。政治化的德育完全是以社会为本,人在德育中是一种客体性存在、工具性存在。现代德育是以人为本的德育,人是德育工作的出发点和归宿点。

(一)坚持以人为本

学校德育坚持以人为本,就是要重视人的完善和发展的需要,把人的完善和发展作为德育的目标和规范行为的标准,确立学生在德育过程中的主体地位,尊重学生的自我意识和选择,为社会培养和输送符合社会历史要求的、能够推动社会进步的人才。

---

①安冬. 关注学生健康和谐的情志观培养[J]. 基础教育课程,2019,(10):28-31.

(二)尊重学生个体的差异

学校德育工作面对成千上万的学生,这些学生在德、智、体等方面存在着很大的差异。学校德育工作者既要看到学生自身的缺点,还要看到他们的长处,同时不能忽视学生个性的特点,更不能要求每一个学生在各个方面都很优秀。学校德育工作者要在培养学生共性的同时,尊重学生的兴趣爱好和独立选择,帮助他们在自己擅长的领域快速成长,完善他们特有的个性。

(三)坚持发展学生个性的原则

坚持发展学生个性的原则就是要求在学校德育工作的各个方面都要帮助学生发展自己的个性和特点的原则,各项工作都要服从于这个原则,而不能违背或者脱离这个原则。在德育中坚持发展学生个性的理念,是改革德育思路以适应时代要求的应有举措。

(四)以心理健康教育减轻德育压力,增加德育的人文关怀

实践反复证明,凡是成功的德育工作,必然在某些方面遵循了人的心理需求和心理发展规律,因此要重视人文关爱,渗透人文精神。中央及教育部等重要文件都明确提出了对学生心理健康的关注,为其在学校德育工作中的运用提供了强有力的政策支持。

二、和谐社会建设背景下小学德育工作的新观念

(一)德育目标的实效性

过去,我们所遵循的德育观已经难以适应现在社会的需要,特别是在市场经济体制中,人们的思想观念随着经济的发

展而变化,德育工作的目标也需要有相应的改变。小学德育目标必须切合市场经济发展的规律,要注重培养学生的竞争意识与合作精神,教育学生明辨是非善恶;培养学生的公民意识,教育学生“权利与义务”的道理,并注重引导学生正确认识自我,培养个性;帮助学生形成健康的道德品质,最终能独立地做出正确的道德选择。

(二)德育教育内容的针对性

在我国,中小学德育工作的内容丰富,却普遍缺乏核心和重点。如果我们不能够合理并且有针对性地安排这些内容,德育工作将会大打折扣。有学者认为,德育教育的内容应以理想信念教育为核心,深入进行正确的世界观人生观和价值观教育;以爱国主义教育为重点,弘扬和培育民族精神教育;以基本道德规范为基础,深化公民道德教育;以学生全面发展为目标,把思想政治教育融入素质教育的各个方面,促进学生思想道德素质、科学文化素质和健康素质的全面发展。小学阶段六年,学生会经历几个不同的思想成熟的层次,小学德育工作只有做到有核心、有重点、有明确的基础和目标,才能够避免内容的泛化,散乱无条理,才能够更有针对性地开展工作。

(三)德育教育方法的多样性

我国小学德育教育方法比较单一和死板,一般常用说服教育法和榜样模仿法,对于低年级的学生,这两种方法有一定的作用。但小学高年级的学生已经形成一定的自我观点,重视自身的感受与体会,而这两种方法讲述的内容绝大部分是关于他人的,因此会被看成是学校老师强加给他们的“大道理”。有时候,甚至会使学生产生厌恶和逆反情绪。

其实，在小学德育工作中还有许多方法可以使用。例如，情感陶冶法、实践锻炼法、两难故事法、价值澄清法、道德选择法等，这些都是在实际工作中的一些操作性比较强的教育模式，灵活运用这些模式和方法可以使我们的德育工作更加出色。

（四）德育评价的科学性

"重智轻德"是我国基础教育中普遍存在的问题。在大部分小学里，德育通常是"说起来重要，做起来次要，忙起来不要"的一项工作。在日常繁忙的教育工作中，教师通常会忽略对学生的德育观察与评价，只关注学生的学业成绩，当需要为学生做品德鉴定时，教师就主要依据学生的学业成绩进行评分，成绩优秀就会被认为是品德良好，而成绩较差则容易被认为是品德不良。此外，当教师对学生的思想行为做出肯定或否定时，必须明确德育评价的目的性。好的德育评价是学生优良品行的结果，不应该是学生追求的目的，而差的德育评价则是改善学生品行的手段，绝对不是用以制服或威胁学生的工具。

三、和谐社会建设背景下小学德育工作的具体内容

（一）理想信念教育

小学阶段是学生人生接受正统教育的第一个阶段，在这个阶段开展理想信念教育，对学生形成正确的世界观、人生观、价值观会起到奠基作用。把理想信念教育作为小学德育工作中的核心，深入进行正确的世界观、人生观和价值观教育，是小学德育工作的一项重要内容，其具体的内容有集体主义教育竞争与合作教育理想与追求教育等。

（二）爱国主义教育

小学培养学生的爱国主义精神，是培养优秀公民最基本的工作，在建设和谐社会的21世纪，爱国主义教育的内容除了传统的民族自豪感教育外，有必要增加中国近代史教育以及民族团结和祖国统一教育。通过学习中国近代史，让学生更多地了解中华民族自强不息、百折不挠的发展历程，了解中国共产党领导全国人民英勇奋斗的崇高精神和光辉业绩，这些内容都有助于学生学会珍惜今天来之不易的美好生活，同时激励学生热爱祖国，为建设一个更富强的祖国而好好学习。民族团结和祖国统一教育主要是教育学生认识到维护祖国领土完整统一的重要意义。

（三）法纪道德教育

法纪道德水平是衡量一个国家公民素质的重要标准，遵纪守法、品格高尚是优秀公民的基本要求。为培养国家未来出色的主人翁，小学德育工作就不能缺少或忽视法纪道德教育这项重要内容。其中，法纪教育是指对学生进行社会主义法制和纪律教育，培养学生的法律观念和遵纪守法的品质，让学生知法懂法守法，并且学会用法律武器保护自己合法的权益，而道德教育则是指社会主义道德原则和道德规范的教育，其包括个人品德、家庭美德、社会公德、环境道德、教育道德。道德教育主要任务就是培养学生正确的道德认识、高尚的道德情感、坚强的道德意志和良好的道德行为习惯。

（四）心理健康教育

随着独生子女的日渐增多，家长过度的保护，当今养尊处优的少年儿童通常心理脆弱，加上小学学习压力越来越重，小学生出现心理问题和心理障碍的情况经常发生。和谐社会的建设需要的是具有与时代发展相一致的良好心理素质的人才。因此,小学德育工作必须认真抓好心理健康教育。小学心理健康教育包括三方面内容:心理健康知识教育、咨询性教育和良好行为训练。心理健康教育主要是心理卫生知识教育,讲述的是保持身心健康的基本知识;咨询性教育主要是心理咨询,通过心理咨询调节学生的心理问题,以防心理疾病的发生;良好行为训练主要是心理调适能力的培养与训练,包括挫折教育、团队合作训练创新能力培养等。

四、和谐社会建设背景下提高小学德育工作实效的对策

(一)明确目标,突出内容

小学德育工作目标是培养学生初步具有爱祖国、爱人民爱劳动、爱科学、爱社会主义的思想感情和良好品德;遵守社会公德的意识和文明行为习惯;良好的意志品格和活泼开朗的性格;自己管理自己,帮助别人、为集体服务和辨别是非的能力,为使他们成为德、智体全面发展的社会主义事业的建设者和接班人,打下初步的良好的思想品德基础。按照此目标要求,小学德育的内容重点突出爱国主义教育、法纪道德教育、心理健康教育,但根据不同年级德育的内容,需要有不同的侧重点。小学低年级学生品德认识具有表面性、具体性、肤浅性的特性,更适合侧重于爱国主义教育和法纪道德教育;小学高年级学生品德认识的自觉性、坚定性、独立性都有所加强,这时增加心理健康教育与理想信念教育则能更有效的促进爱国主义教育与法纪道德教育的开展。

（二）创新方法

传统的学校德育是以“灌输”为主。随着改革开放的深入和对外交往的扩大，加之市场经济的现状，学生在接受知识时也要求多样化的教育手段。实践证明，单一的“灌输”性德育方式并不能起到良好的教育效果，只有借鉴和运用多样化的教育方式，才能更好地满足学生对德育知识的接受和内化，才能真正起到德育的效果，才能更好地培养学生的优良个性。德育工作在采取多样化的教育手段时，应该做好以下三个方面的工作。

1.将理性教育与情感教育结合起来

人既是理性动物，也是感性动物。因此，学校德育工作实施说理教育与情感教育是德育工作的必然要求，更是坚持以人为本原则的具体体现。一方面，德育工作要做好说理教育，运用中国特色社会主义思想来对学生进行正面的说服教育，提高学生的思想道德素质，提高他们的思想觉悟，实现学生的全面进步。另一方面，德育工作要加强情感教育。目前的学生思想比较活跃，对事物的分析和判断都有着自己主观的看法，当学生思想认识发生偏差的时候，德育工作的说理教育并不能真正说服他们，并不能把他们的思想引到正确的轨道上来，此时，如果加强情感教育，用德育工作者的感情来感染他们、影响他们，通常会收到意想不到的效果。

2.将自我教育与学校教育结合起来

学生是有着一定自主精神的群体，能够对自己感兴趣或者认为有必要学习的知识进行深入的了解，这种自我教育已经成为学校教育过程中一个重要的补充。实践证明，不少学生在课余时间，通过自己的努力与奋斗，扩展了知识面，提高了社会实践能力。学校德育工作要改变传统的单纯的学校教育方式，鼓励学生进行自我教育。作为学校德育工作者，要相信学生有自我教育的能力，要相信他们能够通过不断学习和参加社会实践等方式加深对思想道德标准的认识，并主动内化的过程，进而提升自己的思想道德水平。学生通过自我教育的形式，一方面会提升自己的思想素质；另一方面还会形成自己的个性。可以说，学校德育工作将学生的自我教育与学校教育相结合的工作方式，会取得“双赢”的效果。

3.将解决思想问题与解决现实问题结合起来

学校德育工作首先要解决学生的思想问题，必须用先进的理论和高水平的道德思想武装他们，只有这样，学生在社会实践过程中才能对客观事物做出科学的判断和评价，面对一些物质利益的诱惑才能端正思想，对于一些社会现象才能分清好恶。

物质决定意识的原理告诉我们，人们的思想认识是随着客观条件的变化而不断变化的。特定的历史阶段决定了人们具有与其他历史时期不同的观点、理论和思想。学校德育工作在对学生进行德育教育时，必须紧紧联系客观实际，一切从实际出发，这样才能保持德育工作的正确性，才能培养出符合时代要求的学生的优良个性。

（三）优化考评机制和奖励机制，构建和谐的德育奖评机制

从我国教育现状来看，在学校里从事德育工作的教师不受重视，考核机制也不尽合理，影响了德育工作者的积极性。因此，各学校应将教师培训特别是师德建设作为学校办学质量和水平评估的重要指标，建立师德考评制度，将师德表现作为教师年度考核、职务聘任、评优奖励等的重要依据。重点加强以学校领导、共青团委、思想政治理论课和哲学社会科学课教师、班主任为主体的学生思想政治教育工作队伍建设，完善思想政治教育工作队伍的专业技术系列，可以考虑职称评聘和业绩考核时单列指标、单独评审，通过创新机制和政策倾斜，探讨和实现思想政治教育工作队伍的职业化，保证思想政治教育工作队伍的高素质和稳定性。

从学生来说，应该尝试着将学生平时的案例分析、实验报告、实际操作练习和平时作业成绩纳入课程学习的总学分，打破德育考试试卷化的单一局面。近年的德育课程教学就尝试着采用了这种方式，以学生规划与实际操行衔接为依据，综合考量学生的学科成绩，这也就意味着卷面上答案的标准与流利并不代表综合测评中的高分，这从一个层面上可以调动相当一部分学生的积极性，在实际工作中的效果就是积极性与主动性的增加和基本素质的提高。

我国建设和谐的社会，对小学德育工作的发展也提出了新的要求，其中包括增强目标的实效性、内容的针对性、方法的多样性和评价的科学性，这些是和谐社会背景下小学德育工作所需要做到的。通过明确目标，突出内容，采用创新的方法与多元的途径等一系列措施来发展德育，相信我国小学德育工作将能开展的更加完善。

第三节 构建人本性和专业性相结合的模式

一、德育教育的人本性

（一）小学德育以人为本的含义

关于"以人为本"的提法是源自费尔巴哈的人本主义哲学，后来成为19世纪以来直至今日仍流行于西方的人本主义哲学社会思潮之一。我们必须从马克思主义关于人的本质属性入手把握"以人为本"。"人的本质并不是单个人所固有的抽象物，在其现实性上，它是一切社会关系的总和。"① 如此看来，"以人为本"中的人主要讲的是它的社会性，我们努力从学生所处的纷繁复杂的社会关系中把握他们的思想及其变化，充分认清学生思想的具体性、复杂性、变化性和必然性，才能对"以人为本"中的人即21世纪小学为社会所培养的人才有一个完整准确的认识。再者，以人的什么方面为本，是我们要考虑的问题。"以人为本"不是人本主义，不能把人看作只有生理需求的自然人。人本主义不联系具体历史和社会实践来观察人，因而看不到人的社会性。这样的"以人为本"不可能实现最大限度地调动人的积极性的目标。因此，以人为本应该主要以人的社会属性为本，而在人的社会属性中，又要以人的理想信念为本，从而将"以人为本"的理念贯彻到小学德育教学工作中。要在德育教学中落实以人为本，就要把学生作为处于复杂社会状态条件下的有多种欲望的"复杂人"来看待，在德育中贯彻"尊重

①范玉文．小学德育如何做到"以人为本"[J]．新智慧，2019，(6)：36.

人、理解人、关心人、信任人、鼓舞人”的原则，重视开发人的精神素质，确立人的主体地位。

学校德育不仅要符合社会主义市场经济体制发展的需要，而且要确定“以人为本”的新德育观，实施人本化教育，才能真正体现小学德育的本质，开创小学德育的新局面，提高小学德育的实效性。当然我们提倡“人本化”的新德育观，并不是全盘否定传统的德育观，而是要继承发展它，同时大力倡导现代社会的新德育理念，以适应现代社会发展需求。

在借鉴众多前人研究成果的基础上，作者认为以人为本的德育内涵主要包括两个方面的内容：一方面，以人为本就是以人为中心，突出人的发展。人是教育的中心，也是教育的目的；人是教育的出发点，也是教育的归宿；人是教育的基础，也是教育的根本。一切教育都必须以人为本，这是现代教育的基本价值。因为现代人的自我价值和自我尊严不再需要外来的肯定，也没有统一的价值尺度，更不是用金钱标准所能衡量，而是人的自我实现，自我理解，自我确认。德国古典哲学家康德说过一句名言：“你一定要这样行动：无论对自己或对别人，你始终要把人看成目的，而不是把他看作工具或手段。”这就是道德的“绝对命令”，也可以说是道德的最高原则。这一原则与孔子所倡导的“仁者爱人”可谓不谋而合。把人看成目的，就要像联合国教科文组织指出的：“充分尊重人的尊严、自由与人权。”另外一方面，以人为本就是要把教育和人的幸福、自由、尊严、终极价值联系起来，使教育真正成为人的教育而不是机器的教育。以现代人的视野培养现代人，以全面发展的视野培养全面发展的人。目前关于教育本质有三种基本观点：①教育是培养人的实践活动。②教育是人之自我建构的实践活动。③教育是价值引导与自我建构的活动。无论哪种观点,最终目的都是指向人的完善和发展。

因此,我们认为小学德育的以人为本是从德育的角度讲求以人为本,以人为本既是德育的手段,也是德育的目的,是人文关怀的德育手段和促进人的全面发展的辩证统一。小学德育的以人为本就是在科学发展观的指导下,以实现小学生的全面发展为目标,教育者从受教育者的立场出发,在道德教育、政治教育、思想教育、心理教育和法制教育过程中,充分强调和竭力发挥教育所内蕴的对人的需要、发展的高度尊重和关怀的精神,不断提高受教育者的思想品德和自我修养水平,最终促进人的全面发展。把学生看作是我们服务和帮助的对象,一切从满足学生健康成长的需要出发,使用对学生无伤害的教育形式,强调学生的内化、自育,充分发挥学生的潜能,引导学生实现健康的自我。所谓“以人为本”的教育理念就是在道德教育中重视个体义务的同时,更要重视权利的对等,认为教育应该关注人、理解人、尊重人、发展人,强调受教育者的天性和个体人格的自然的完满的发展。因此小学德育也应该以关注学生的发展为主要核心,帮助学生发展自我,使学生成为一个身心健康并且有着正确价值观和人生观的人。

(二)小学德育以人为本的必要性

1.回应时代挑战的需要

目前,我国正处在全面建成小康社会、加快推进现代化的发展新阶段。小学德育面临着许多前所未有的新问题,新挑战。一是在社会主义市场经济体制下,青年学生的思想活动的独立性、选择性、多变性和差异性日益增强。二是科学技术尤其是网络以及广电传媒技术的发展和功能扩张给德育工作带来了巨大的压力。三是21世纪,随着经济全球化、政治多极化、文化多元化、信息网络化趋势又不断加强,东西方文化激烈碰撞给德育工作提出了新课题。

当今社会,物质生活水平提高,青少年接触网络的机会越来越多,互联网的快速发展给人类生活的各个领域产生越来越重要的影响。在已经步入信息化社会的今天,"上网"已经成为一种时尚,而在庞大的网民群体中,青少年占了很大的比例,并且还在逐步增多。面对不可阻挡的青少年上网热潮,如何对其进行正确引导,已经成为当前学校、教师、家长共同关注的重要问题。新的问题和挑战不断的出现,而传统的德育理论和实践已经远远不能适应形势的发展需要。小学德育如何才能有效回应这些时代挑战,最根本的就是要培养造就适应时代需求,符合社会需要的高素质人才。人是社会发展的最高价值,也是最终目的。培养高素质人才,促进人的全面发展是小学德育工作的根本价值体现。这就要确立"以人为本"的德育观,把每个学生的根本利益始终放在首位。

只有坚持"以人为本"的新德育观,才能培养出满足时代所需的高素质人才,也只有按"以人为本"的方式,才能塑造出具有强烈主体意识和自主自立精神,敢于创新、独立思考的健全自律的合格人才。社会的变化发展对人的思想观念和道德品质提出了新的挑战和更高要求。小学生正处于身心迅速发展和学习参与社会公共生活的重要阶段,处于思想品德和价值观念形成的关键时期,迫切需要在思想品德的发展上得到有效帮助和正确指导。然而德育却具有强制性、理想化、说教式和封闭性倾向，对学生思想和生活实际缺乏关注和更实在的帮助。为适应社会发展和学生成长需要，必须更新教育观念，加强德育的针对性、实效性、主动性，实现德育“以人为本”。

2.适应现代教育发展的要求和趋势

我国全面建成小康社会的目标要求经济更加发展，民主更加健全，科技更加进步，文化更加繁荣，社会更加和谐，人民生活殷实。与之相适应的教育必须是以人为本，全面、协调的可持续发展的现代教育，并要促进人的全面发展。其核心是培养和发展人的主体性。

随着21世纪的到来，我国的基础教育也进入一个崭新的发展阶段。新课程改革的核心思想都聚焦在“教育的终极目标是发展人”上。从课程的基本理念看，新课标对德育提出了“中学生逐步扩展的生活是德育课程建构的基础，帮助学生学习做负责任与健康的公民是德育的基本追求，坚持正确价值观念的引导与启发学生独立思考、积极实践相统一是德育遵循的基本原则”。从课程标准的设计思路看，新课程标准从小学生的认知水平和生活实际出发，围绕成长中的我，我与他人，我与集体、国家和社会等关系，整合道德、心理健康、法律和国情教育等内容。因此，新课程标准的理论本质就是“以人为本”，就是以追求人的全面自由发展为终极目标的；德育把握了“以人为本”，追求人的终极发展，也就把握了新课程的精神实质。

另外，当前我们小学德育存在的一个根本问题是忽略人的主体性。在理论和实践上没有真正确立现代教育的教育主体思想。传统德育工作的许多做法要求学生来适应旧的德育观念、体制、方式，要求学生照本宣科地思考解决问题，或以简单规范指令强制学生盲目服从等，限制和压抑了学生的积极性、主动性和创造性，学生个性得不到充分培养和进一步发展，导致教育出来的学生自我意识、自主监控、自主探究能力不强，实践动手能力差，创新精神缺乏个性不明，盲目自信或自卑等。现代社会需要现代人，培养现代人需要现代教育，现代教育发展首先需要更新教育理念。现代教育过程实质上也是受教育者实现社会化过程。学生在接受教育的同时，在自我与他者，个体与群体乃至自我互动交往中学会如何处理我与他，我与社会之间的关系，将自我融入他人、集体、民族、国家和人类之中，从而完善自我，实现自我，超越自我。离开"人"这主体本位，学校德育就显得苍白无力。所以，实现小学德育人本化符合现代教育发展的要求，对培养现代人才有一定的积极现实意义。

3.实现德育终极目标的需要

学校德育的终极目标是促进人的全面发展。人的发展是一个由他律走向自律，主体性不断增强，不断扩大对现实的适应度和掌控度，获得自由的一个过程。全面发展的人必须是一个能动、自由的人，是能够积极创造条件，最大限度地发挥自身的力量去认识世界，改造世界的人。人的全面发展的根本特征是人有主体性，即自觉能动性。它集中体现为人的积极性、主动性和创造性。人的主体性发展是人全面发展的核心，也是人全面发展的实质。学校德育只有在尊重学生个体主体性基础上，唤醒学生的主体意识，充分发挥其能动性和创造性，培养个体的实践能力和健全人格，完善其综合素质，才能实现学生个体的全面发展。学校德育要实现这一终极目标，就必须坚持以人为本，重视人的主体地位，开发人的本质力量，弘扬人的创造潜能。

小学德育以人为本也是德育性质及特点的要求。首先，德育是以习近平新时代中国特色社会主义思想为指导思想，紧密联系社会生活和学生思想实际，帮助学生逐步形成良好的道德品质和心理素质，为学生形成正确的世界观、人生观和价值观奠定基础。其次，德育注重以民族精神和优秀文化培养学生，关注学生的成长需要生活体验，引导学生确立积极进取的人生态度，促进学生人格的健康发展。再次，德育注重与学生生活经验和社会实践的联系，通过学生自主参与的丰富多样的活动，扩展知识技能，促进正确思想观念和良好道德品质的形成和发展。最后，德育从学生适应社会公共生活和思想品德形成与发展的实际出发，以成长中的我、我与他人的关系、我与集体、国家和社会的关系为主线，对道德、心理健康、法律和国情等多方面的学习内容进行有机整合。因此，德育独特的性质及特点决定德育要关注学生的情感需要、学生身心发展特点及规律。只有实现“以人为本”的教育理念，德育才能焕发其生机与活力。

二、德育教育的专业性

德育是全面发展教育的重要组成部分，对于促进青少年在思想、道德、政治、心理等多方面的健康发展具有重要意义。实效性低是长期困扰德育教育的问题，也一直为多方所诟病。造成这一现象的原因是多方面的，其中一个重要的原因在于德育课教师的专业素质跟不上，专业化水平有待提高。

德育教师专业化是一个有争议的命题。一些学者认为，德育工作非常复杂，德育教师是难以专业化。一些学者认为，德育教师可以专业化。小学德育教师向专业化方向发展是一种应然的发展的趋势。德育教师专业化涉及德育教师专业化的理念内容和途径等内容。

（一）德育教师与德育教师专业化

1.德育教师

什么是德育教师？一些人认为，德育教师是指凡是促进小学生的德性发展的人都可称为德育教师。根据这一定义，小学里所有各科老师，他的父母以及他的亲友及同龄群体都可称之为德育教师。这其实是对德育教师内涵的误读。如果我们仅从德育广义来解读德育教师内涵，这会降低德育教师地位，不利于德育实效性提高。那应该怎样认识德育教师呢？我们认为要准确认识德育教师的内涵，首先要搞清楚什么是“德”和什么是“育”。“育”在《说文解字》的意思是“养子使做善”。很多人都翻译为父母教育自己的孩子，使他们按照善的标准来行事。我们认为“养”不但具有抚养的意思，而且还有“培养”的意思。这里的“子”不仅是孩子的意思，而且还有“你”“学生”的意思。整句话的意思就是教师要像父母抚养孩子的态度一样来培养学生，使学生按照善的标准来行事。因此，德就是善的载体，是善的表现出来的形式。这只是对什么是德，什么是育的认识。何谓德育教师呢？首先，德育教师是一个人，是一个主体。德育教师在德育活动中作为一个德育主体，具有什么特征呢？我们认为“德育主体”是指主体的人，通过认识和把握道德的观念、规则，通过把握道德主体（学生）的现状，自觉推动道德主体向社会和个体，要求更高的品德标准迈进的承担者。

2.德育教师专业化

什么是德育教师专业化呢？我们可以从德育教师专业特征来表征德育教师专业化的内涵。德育教师具有以下特征：第一，德育教师这一职业具有重要的社会功能，承担着重要的社会责任，具有重要的社会价值。第二，从德育教师的职业性质上来看，德育教师专业是一个相当复杂，需要高度心智的创造性劳动。德育教师具有扎实的专业知识，在面对各种各样的教学情景时，能够充分展开智慧活动，对各种教育问题做出准确判断。与此同时，要善于挖掘各种教学情景中德育资源，开展形式多样的德育活动来促进学生的德性发展。正如亚士斯多德就谈到，品质是来自相同的现实活动。所以，一定要重视现实活动的性质。这里所说的品质就是一个人的思想道德。这句话给我们的启示是，合格的德育教师是非常善于设计和开展不同品质的德育活动。这一特征表明德育教师这一职业具有相当不可替代性。第三，德育教师专业也应具有本行业一系列自主权，如教师的聘用权和解雇权及相关专业权利，如教学内容的设计与安排等不受教师专业外的因素控制。第四，德育教师这门职业应具有良好的职业声望，拥有很高的社会地位。除了在社会具有很高的社会地位以外，德育教师在学校尤其应具有很高的教学地位。从以上特征可以归纳出，德育教师专业化就是德育教师向以上所描述的特征的方向不断发展的过程。

（二）德育课教师专业化的必要性

1.德育教师专业化是教师专业化发展的必然要求

教师专业化是随着教师的产生而同时进行的，而真正意义上提出这一概念是在1996年联合国教科文组织的第45届国际教育大会上。教师专业化应该如何界定，国内外不同研究者对此有不同的思考和认识。当然，国内学术界对教师专业化的认识也形成了一些共识，大部分学者都强调教师的基本专业素质应该包括教师的专业知识、专业能力和专业情意等基本内容。

当前，世界各国都把提高教师专业化水平、加强教师队伍建设作为提高基础教育办学质量、提高中小学生教育效果的基础。在教师专业化成为教师教育的必然趋势这一大背景下，德育教学作为学校教学的重要组成部分，作为学校开展德育的基本途径，配备专业的师资队伍自然是应有之义。

2.德育课的特殊性要求专业化的教师

所谓德育课的特殊性是相对于其他课程而言的。德育课与其他课程，诸如语文、数学、外语等课程的根本区别在于它是对人的态度和价值观（政治价值观、道德价值观等）的引领和转变，不同于知识的学习和技能的训练，因此，其他学科的教学模式不能直接套用到德育课堂上。德育课的课程与教学具有不同于其他课程的特点。这样，德育课教师必须具备与其相应的专业素养才能完满完成教学目标。

3.小学德育课教师专业化现状

就目前的情况来看，中学和大学阶段的各门德育课教师多由专业对1:3的师范生组成。小学阶段的德育课教师，尤其是广大农村地区，多为兼职教师，师资队伍的专业化水平亟待提高。

(1)教师队伍方面

小学品德课教师绝大部分由其他科任老师兼任,专职的《品德与生活(社会)》课教师较少。2016年,江西省针对农村骨干教师德育课程班全体学员、九江市市直小学及十三个县(市)区小学的德育课程教师展开问卷调查。结果发现,参与调查的教师中,有11%为专职教师,这些专职教师除个别是因为年龄大受学校照顾只带德育课程外,其他多为学校领导或德育处主任;89%为兼职教师,兼职学科多为语文、数学。这些兼职教师基本上都不是固定的品德课教师,而且通常受学校实际情况的影响而接受调整。他们当中接受职前相关培训的机会较少,层次较低,多数教师都是直接上岗。这在相当程度上造成德育教师队伍的不稳定,加上德育专业知识缺乏,不利于德育课程的教学。

(2)教师对课程的认识

教师对课程的理性认识和把握决定着课程实施的质量,但是不少教师不了解德育课程的发展历程,也没有认真学习过《品德与生活(社会)课程标准》。虽然大多数教师明了德育课的性质,但缺乏开展综合课程的经验,在内容处理、目标定位、教学方法的选择、教学评价手段的选择等方面,多沿袭以往的其他课程的做法,专业化程度不高。

(3)教师的专业执行力

教师的专业执行力主要体现在教师对课程的具体实施的各个方面。调查发现。教师在备课环节主要还是依据教科书,在教学过程中主要按照教材的内容进行教学,开发和利用教材以外的课程资源意识和能力相对欠缺；教学方法也主要采用传统的讲授、讨论方法；教学场所多局限在教室，很少组织学生外出或是参加一些公益性活动；在教学评价方面，多沿袭纸笔测验或是根据印象打分等量化的、不规范的方式。

（三）德育课教师的专业素质

德育课教师是否有特殊的素质要求，在理论界一直是争论不休的问题。实践中，小学德育课多由其他学科教师兼任在一定程度上加深了人们的印象，即德育课教师无须特殊的素质。事实上，正如前文所言，德育课具有不同于其他课程的特点，在目标、内容、方式、评价等诸多方面有其特殊的要求。因此，德育课教师必须走向专业化的发展方向。尤其是，对于儿童思想道德发展的奠基时期，小学阶段德育教师专业素质的提升尤为重要。一般认为，教师的专业素质主要包括专业知识、专业能力和专业情意三个部分。其中专业知识包括条件性知识、本体性知识和实践性知识；专业能力包括设计教学的能力、表达能力、教育教学组织管理能力、教育教学组织交往能力、教育教学机制、反思评价的能力、教育教学研究能力等；专业情意则主要关涉专业理想、专业情操、专业性向和专业自我四个方面。在构建德育教师的专业素质时，除了考虑上述三个方面的要求外，我们尤其强调德育教师还必须具备较高的道德修养和文化修养，以利于其开展教学，并以其人格形象为学生树立学习的榜样。小学阶段的德育教师应该针对新课改以来的课程与教学要求，在课程理念、课程资源开发、教学设计、课堂活动的组织、教学评价等多方面加强学习。

(四)德育课教师德育素质的获得与提升

德育课教师的德育素养的获得与提升是教师教育(职前和职后)和教师个体自我修养的结果。现实的教育生活是丰富而复杂的,随着生活阅历的增加和教育经验的丰富,教师的德育素养也应该是一个不断提升的过程。

1.教师教育

(1)职前教育阶段

由于我国实行的是大德育,一般认为大学开设的思想政治教育专业培养出来的人才是进行德育的专门人才,但这些人才多流向中学,建议增强专门针对新课改以来小学阶段德育课程的师资培养。对于这些对口的德育课师资,同样应该加强道德教育的理论学习,使他们对于政治教育、思想教育和道德教育均应有系统的理性的认识,注重各领域学习的针对性,各不偏废。在课程设置上,建议丰富有关道德发展、道德教育和教育专业伦理等方面的内容,研究开发更具针对性的课程与教学模式。同时。加强教育法律法规的学习,明确师德底线,使未来的教师队对教育专业特定的权利和义务有正确而明晰的认识。

(2)职后继续教育

入职以后的继续教育包括培训和外出进修等多种途径。这里需要指出的是,培训时应紧扣当前德育课程改革对教师素质的新要求。除了关注教师教学技能的提高外,还应加强教师专业伦理和道德教育方面的学习;针对道德课教师和其他学科的教师的不同情况,分别进行更具针对性的培训,而且在培训时间、内容、方式和考核形式等多方面应更具针对性。各级政府和教育主管部门应保障教育经费,鼓励并创造条件使一线德育教师有更多机会到高校教育学院和研究机构进修,学习专门的德育理论和先进的教育理念。同时,有条件的学校可以针对本校实际情况,开展校本培训。

2.教师自修

除了职前学习和职后培训进修,德育课教师提升德育素质另外一个重要途径是自我修养。这里提出教师提升德育素养的三个策略。

(1)树立坚定的教育信念

要圆满地实现德育目标,教师必须具有坚定的教育理念和教育信念,对于实施德育有一种使命感,在此基础上,激发起德育主体内在的提升自我道德修养和德育素养的动机,以此激励和引领教师在教学过程中真正做到"教书育人"。这就需要加强教师职业道德教育,培养教师对教育事业的使命感和责任心,使其树立坚定的教育信念,从而形成其践履师德和进行德育的巨大动力。

(2)提升德育研究能力

德育研究不仅仅是专业的德育研究者的工作,德育课教师也要提升自己这方面的能力,学会科学地开展德育活动。一线教师除了理解和运用已有的道德发展心理学、思想教育、政治教育、德育原理等相关理论知识外,更要掌握德育研究方法,培养自主研究的能力。只有具备了德育科研意识和能力,教师才能对已有的研究成果持分析和批判的态度,并且在教育实践中带有观察和反思的视角,不断地探求适合自身的德育模式。

(3)注重实践与反思

教师的德育素质直接决定了德育活动的效果。教师对道德的体认和反思对于提升个体道德水平具有重要意义;教师的德育实践也是检视其德育理念和方式方法的最好途径。正是在具体的教育实践中,教师对德育的认识才能更加丰富和深化。因此,教师要充分发挥其主体性,将自觉的反思意识、能力和习惯贯穿到各项教育活动中,唯此才能实现“实践—反思—实践”的良性循环,教师也才能收获学生进步和自我专业成长带来的喜悦和幸福。

第四节 注重学生的全面发展

教育是培养人的事业,具有一定的预见性和前瞻性。学生文化素质的高低、道德品质的优劣直接决定着我国在国际竞争中的成败,同时也决定着建设小康社会和构建和谐社会的目标能否实现。学校的道德教育指向要面向未来,即要面向学生全面发展的未来与社会可持续发展的未来。未来的世界是物质、精神极尽发展的世界,不同思想与观念的碰撞萌生各种理论知识的创新。教育作为培养人才、造就人才的摇篮,为创新提供了适应的环境且为其应用提供了基地。德育的创新是教育面向未来的必然趋势。德育要有一定的超前性,走在社会发展的前面去审视德育应该培养具备哪些素质的人才,避免产生德育滞后、随波逐流的尴尬局面。

实现人的全面发展和社会的可持续发展是教育的终极目

标,也是德育的不断追求。人与社会的发展是相互促进、不可分割的。人越是能够得到全面的发展,其改造世界的主动性和积极性越强,创造的物质和精神财富也就进一步促进了人的发展。如此循环往复,实现了人与社会的全面与可持续的发展。德育关注的是人的精神与品德的塑造,关注人的生命意义与生存价值,通过唤醒人们内心深处的健康、积极的道德自觉,使人能够成为具有高尚的道德人格和崇高的道德境界的主体,并引导社会和谐、健康地发展。

秉持“和谐共生”的理念来审视当前学校道德教育的应然使命,引发了一系列全新的认识和更加深入的思考。学校道德教育应该深刻领会“和谐”的精髓,以其为指向引导自身的变革。当然,仅仅依靠学校的力量不能从根本上解决问题,还需要整个德育系统甚至整个社会的解囊相助,共同完成时代赋予道德教育的使命。要保证德育活动任务的实现,有赖于德育活动内容的选择。因此,德育活动内容问题是关系到未来一代的思想政治面貌和道德问题。

个性一般是指人性在个体上的表现或反映,是人们在生理、心理、社会诸方面的一系列稳定特点的综合,是人的共性与差异性的统一。个性发展,指的是个体的自我意识、主体地位、个性心理品质及个性特长的发展。只有个性的和谐发展,才能促成人的聪明才智的最佳发展,只有个性获得生物的、心理的、社会的诸方面的和谐发展,才可能最大限度地、完善地发展人的潜能,实现全面发展。个性发展原则要求个性发展必须与全面发展相统一。马克思在《资本论》中指出:“人的全面发展,也就是能够适应极其不同的劳动需求,并且在交替变换的职能中，对不同的社会需求有更强的适应能力。”[①]个人在发挥各种能力的同时，应当形成自由的、创造的个性。教育实践也表明，社会性与个性是相辅相成、辩证统一的。社会的全面发展为个性的充分发展奠定了基础，同时，没有个性的发展就没有社会的发展。

人的心理成长、品德的形成是一个不间断的心理过程，是由点到面、由浅入深、由低层次向高层次、由量变到质变的发展过程。小学德育活动课程的实施应该根据德育学科的一般规律，遵循小学生身心成长的规律，在组织和内容的连续性上精心设计，拓展德育活动内容，促进学生的个性发展。每个孩子受遗传因素、家庭状况和社会环境的影响，他们的兴趣和性格等都存在差异。要着力改变过去在思想政治教育上对学生只用成绩这一个标准，改变“只要成绩好，一好百好，而成绩差，就什么都差”的传统认知。不仅要承认差异，还应该尊重差异、善待差异、利用差异，为小学生提供受同等活动教育的机会、成长的条件，使他们成为有着不同个性的人才。我们要按照21世纪我国社会主义现代化建设对人才的素质要求，从培养安分听话的学生转向培养更健全的个性以及多层次道德水平的年轻一代，使其内容具有时代性、针对性、开放性，以适应未来的社会变革，这才是我们德育活动的本质职能。

学生的全面发展要在尊重学生个性的基础上，还要注重学生习惯方面的养成教育，要在培养学生良好的行为、礼仪习惯上下功夫，使学生懂得为人处世的道理，也为他们的思想进入更深层次打下基础，还要进行法律法规和爱国主义教育、前途

①(德)马克思著．姜晶花，张梅译．资本论[M]．北京：北京出版社，2012.

理想教育、人生观、价值观的教育等。同时，让学生主动地参与各种德育活动课程，提高他们的积极性，改变盛行的传统的德育方法，转变思路，主动让学生去接触和参与一些学生感兴趣的问题，并进行德育活动课程的探讨。通过这种让他们广泛接触社会，参与各种学习和社会实践活动，经受锻炼的方式，从而提高他们自我完善、自我发展、自我评价的能力，比如组织多种团体、协会及兴趣小组，去工厂、商店、农村做社会调查等。这样既丰富了学生的课余生活，又起到了积极的引导作用。班主任要利用QQ群等功能来加强与学生间的联系，在QQ群里定期组织学生参加活动，在学校德育网站、班级网站等开设BBS论坛，让学生们通过网络，或在家，或上课时都可以对这一问题发表自己的看法、意见，也可以就某一问题开展网络投票，开展网络班会、校会或者团会等，为小学生的德育活动课程实施提供一个广阔的活动平台。

参考文献

[1]安冬. 关注学生健康和谐的情志观培养[J]. 基础教育课程,2019,(10):28-31.

[2](美)保罗·布卢姆著,青涂译. 善恶之源[M]. 杭州:浙江人民出版社,2015.

[3]陈玉泉. 谈小学班级德育活动的实施策略[J]. 赤子,2018,(29):253.

[4]丁念金. 学习过程评价的理念[J]. 当代教育科学,2012,(12):3-6.

[5]范玉文. 小学德育如何做到"以人为本"[J]. 新智慧,2019,(6):36.

[6]郭怀德. 让孩子从容成长[M]. 上海:上海交通大学出版社,2015.

[7]郭伟. 提升小学班主任德育工作的策略[J]. 数码设计(上),2019,(8):282-283.

[8]韩越. 加强小学德育教育的策略分析[J]. 文存阅刊,2019,(17):125.

[9]蒋丹. 新课改背景下中学政治教师专业发展研究[D]. 镇江:江苏大学,2016.

[10]廉思. 中国青年发展[M]. 北京:社会科学文献出版社,2018.

[11]刘小梅．哲学与人生[M]．上海：上海科学普及出版社，2018.

[12]（德）马克思著．姜晶花，张梅译．资本论[M]．北京：北京出版社，2012.

[13]孙迎光，孙菲．诗意德育（修订本）[M]．上海：上海三联书店，2017.

[14]田海龙．改革学生评价体系促进学生全面发展[J]．新课程·中旬，2019，(7)：284.

[15]王蒙．小学教师专业道德发展的个案研究[D]．济南：山东师范大学，2017.

[16]王鹏华．德育活动课程目标及内容体系的建立[J]．新课程·中旬，2019，(7)：309.

[17]吴炳阳．浅谈科学发展观指导下的小学德育工作[J]．商业文化（下半月），2011，(1)：218.

[18]吴俊升．德育原理[M]．福州：福建教育出版社，2011.

[19]易连云．变革与发展——中小学德育专题研究[M]．重庆：重庆大学出版社，2014.

[20]张岚．科学发展观指导下高职德育教育工作创新探究[J]．科学咨询，2018，(50)：85.

[21]张益，罗艺．大中小学德育一体化探析[M]．上海：上海书店出版社，2016.

[22]张正江．多元时代的德育理性德育论[M]．重庆：西南师范大学出版社，2018.